美術でめぐる西洋史年表

池上英洋　青野尚子

新星出版社

はじめに

私たちは何者か——。人類は、目にするほかの動物たちと自分たちが、どうやら極めて異なる生き物のようだと気づいて以来、この根源的な問いを抱いてきた。なぜ私たちは言葉を話し、服を着ているのか。そもそも、そのようなことに思いをめぐらすこと自体、なぜなのか。

聖書では、創造主たる神から創られた最初の人類であるアダムとエヴァ（イヴ）は、善悪の知識の木の実を食べたことで文明化し、かわりに死すべき存在となった。またギリシャ神話では、火を与えられたことで人類は文明化したが、そのために病や争いなどの禍《わざわい》がもたらされた。これらのエピソードからは、火の使用や思考力をこそ文明化の鍵とみなし、同時に神と人類の違いを寿命の有無においていたことがわかる。

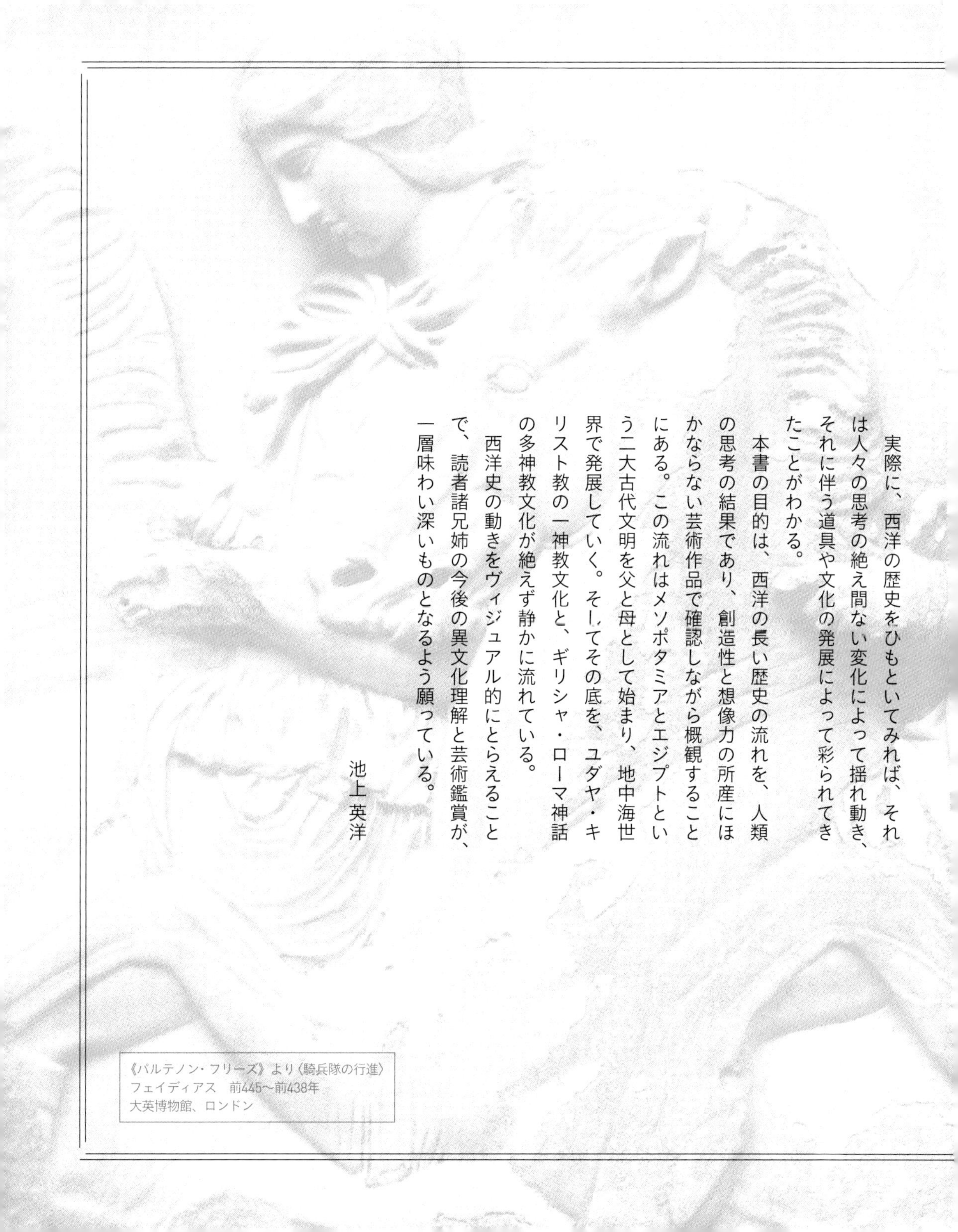

実際に、西洋の歴史をひもといてみれば、それは人々の思考の絶え間ない変化によって揺れ動き、それに伴う道具や文化の発展によって彩られてきたことがわかる。

本書の目的は、西洋の長い歴史の流れを、人類の思考の結果であり、創造性と想像力の所産にほかならない芸術作品で確認しながら概観することにある。この流れはメソポタミアとエジプトという二大古代文明を父と母として始まり、地中海世界で発展していく。そしてその底を、ユダヤ・キリスト教の一神教文化と、ギリシャ・ローマ神話の多神教文化が絶えず静かに流れている。

西洋史の動きをヴィジュアル的にとらえることで、読者諸兄姉の今後の異文化理解と芸術鑑賞が、一層味わい深いものとなるよう願っている。

池上　英洋

《パルテノン・フリーズ》より〈騎兵隊の行進〉
フェイディアス　前445～前438年
大英博物館、ロンドン

目次

Chapter 2

中世

キリスト教の至福千年

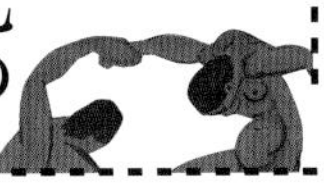

Chapter 5 現代 グローバル化のその先へ

装丁・本文デザイン／米倉英弘・奥山志乃（細山田デザイン事務所）
本文地図・イラスト／小林哲也
編集／関 弥生

Let's Go Time Traveling!

名建築でたどる西洋文明のあゆみ

祈りや弔いの空間、繁栄の象徴、合理性や機能性を求めて、人類は建造物をつくり続けてきた。時代によってその形や役割を変えていった名建築の数々は、歴史を雄弁に物語る。

Parthenon

パルテノン神殿 〔35頁〕

前438年完成　アテネ(ギリシャ)

古代ギリシャのポリス(都市国家)のひとつ、アテネのアクロポリスにそびえるパルテノン神殿。ポリスの繁栄と衰退を見届け、周辺国家の脅威にさらされながら、現代まで2500年近くにわたってアテネを見守り続けている。

古代

Ancient Times

Chapter 1

〔18頁～〕

Pantheon

パンテオン 〔47頁〕

紀元前27年（118〜125年再建）
ローマ（イタリア）

万神殿を意味するパンテオンは、古代ローマ皇帝ハドリアヌスの時代に改修され、現在の姿になった。内径、高さ共に43.8メートルで、完全な球体が収められるドーム型天井を持ち、直径９メートルの天窓から光が降り注ぐ。

Basilica of San Vitale

サン・ヴィターレ聖堂〔62頁〕

547年頃　ラヴェンナ（イタリア）

313年にローマ帝国でキリスト教が公認されて以降、ヨーロッパでは着々と教会の建築が進行。東ローマ帝国の首都が置かれたラヴェンナでは、色の付いた石やガラス片を用いたモザイク装飾が聖堂内を埋め尽くした。

中世

Medieval Times

Chapter 2

〔50頁〜〕

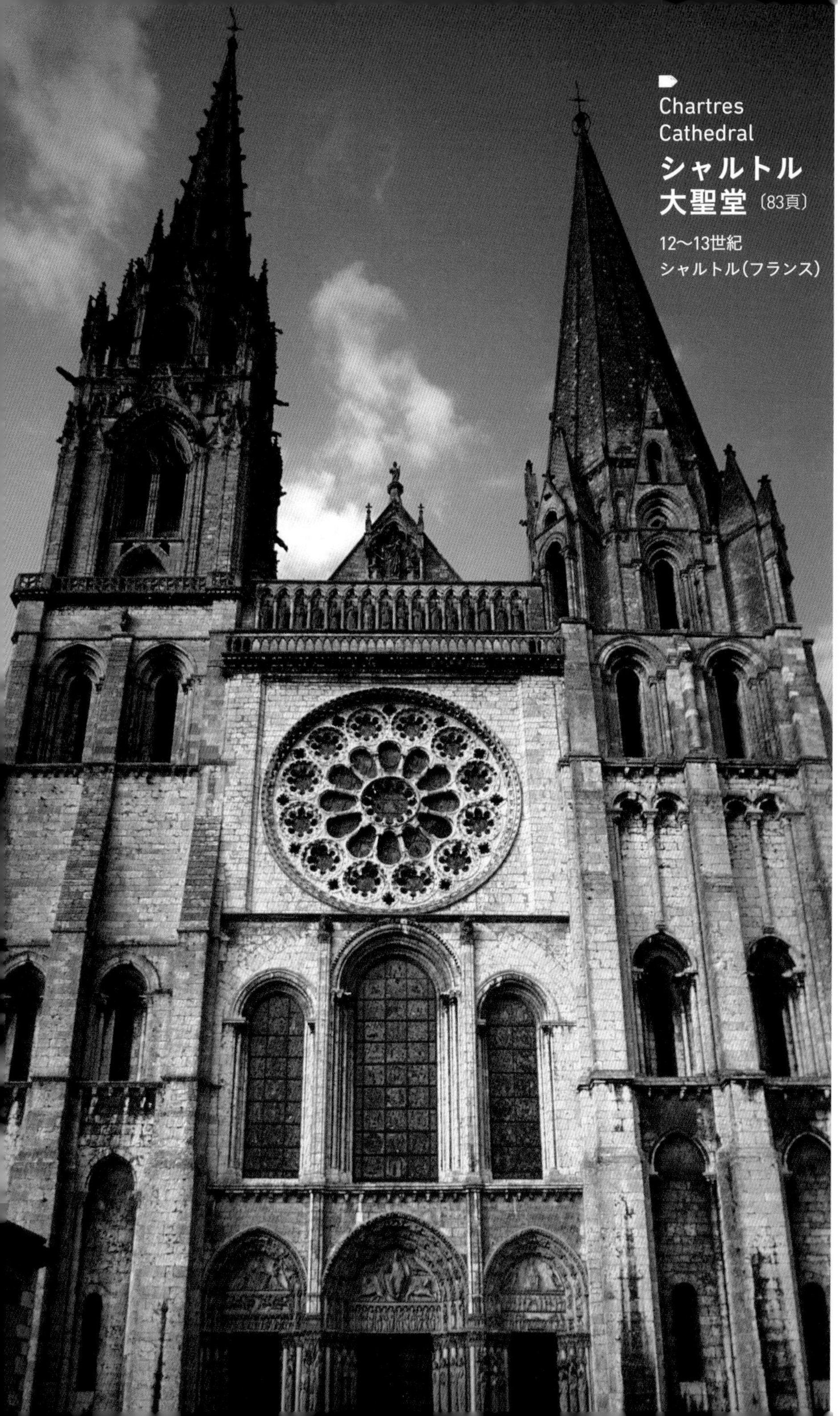

Chartres Cathedral

シャルトル大聖堂 〔83頁〕

12〜13世紀
シャルトル(フランス)

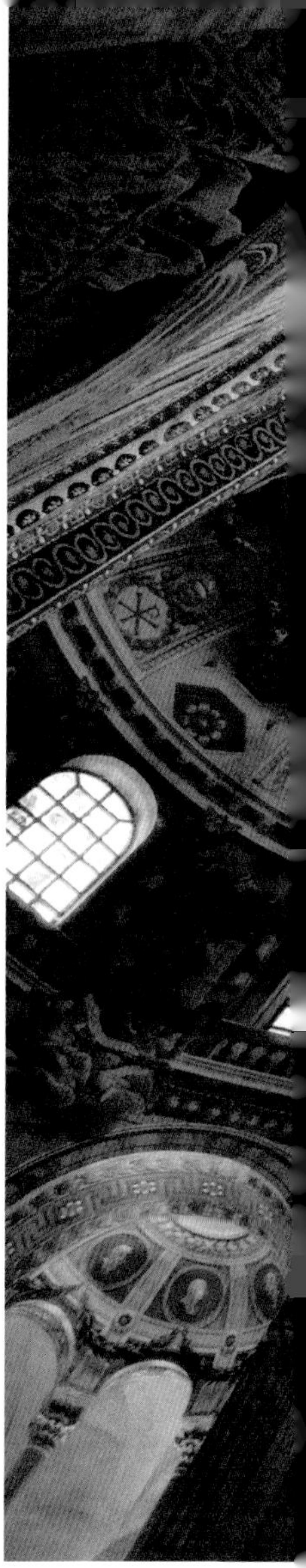

12世紀半ば頃に「ゴシック様式」と呼ばれる建築様式が登場。都市のシンボルを担う大聖堂は技術革新によって巨大化・高層化を実現した。シャルトル大聖堂はゴシック様式のあらゆる特徴を備え、荘厳な美で知られる。

近世
Early
Modern Times

Chapter 3
〔100頁〜〕

Venice

ヴェネツィア 〔122頁〕

15世紀に海洋貿易によって繁栄を極めたヴェネツィア。当時は無数のガレー船が往き交い、今もその栄華の名残を街のそこかしこにとどめている。左前方に、ヴェネツィアの中枢を担ったドゥカーレ宮殿と鐘楼が見える。

Florence

フィレンツェ 〔110頁〕

14世紀に織維業と金融業で栄えたフィレンツェは、共和政ローマを手本とする自治都市国家を形成。さらに、銀行業で富を得たメディチ家が事実上の支配者となり、芸術を奨励したことでルネサンスが花開くこととなった。

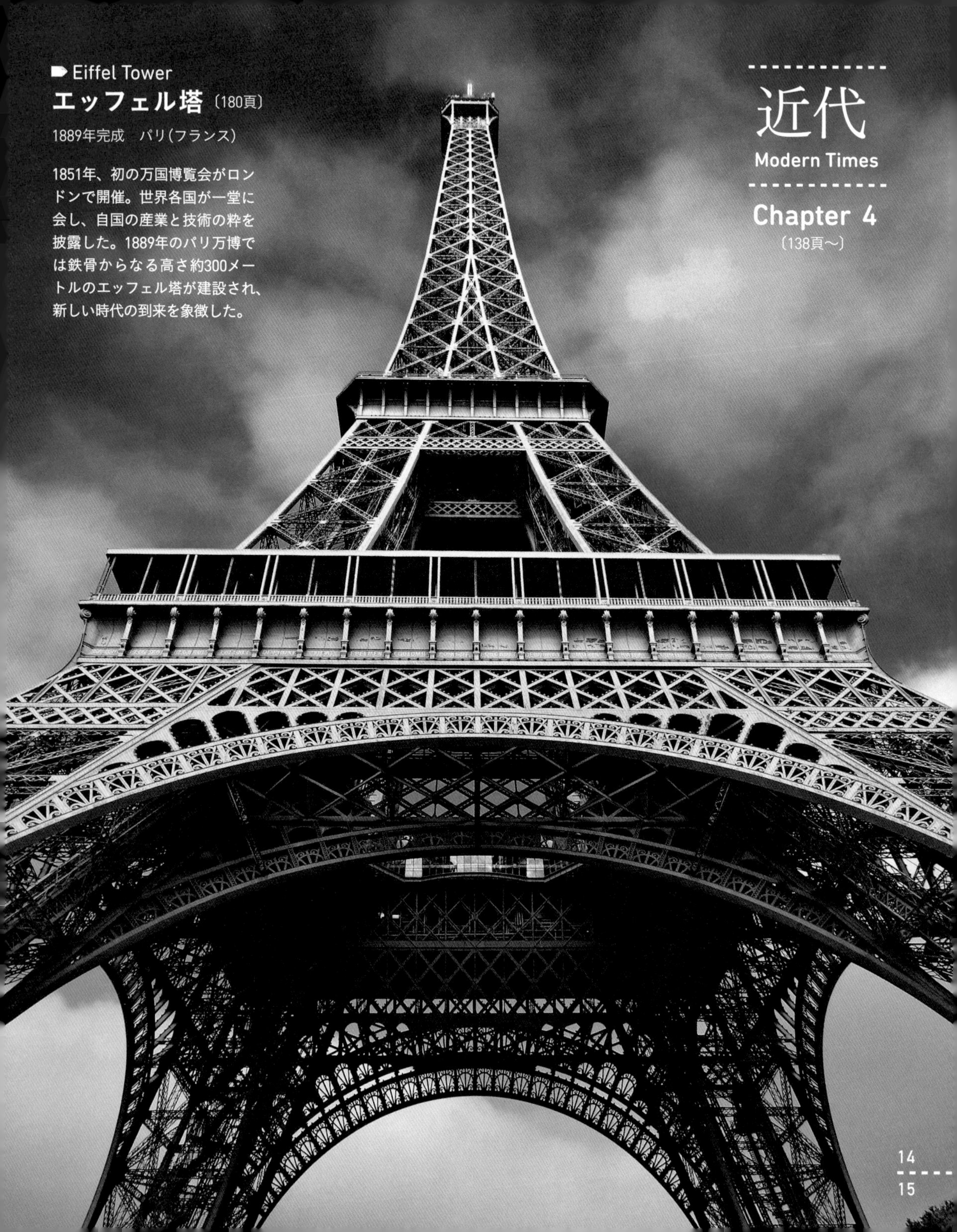

Eiffel Tower

エッフェル塔 〔180頁〕

1889年完成　パリ（フランス）

1851年、初の万国博覧会がロンドンで開催。世界各国が一堂に会し、自国の産業と技術の粋を披露した。1889年のパリ万博では鉄骨からなる高さ約300メートルのエッフェル塔が建設され、新しい時代の到来を象徴した。

近代

Modern Times

Chapter 4

〔138頁〜〕

House for an Art Lover

芸術愛好家の家 〔182頁〕

チャールズ・レニー・
マッキントッシュ設計
1901年設計・1996年完成
グラスゴー(スコットランド)

19世紀末はウィリアム・モリスが提唱するアーツ・アンド・クラフツ運動がヨーロッパ中に広まり、装飾芸術が花開く。スコットランドのグラスゴーでは直線や幾何学模様を強調する「グラスゴー・スタイル」が誕生した。

現代
Contemporary Times

Chapter 5

〔186頁〜〕

Notre-Dame du Haut

ロンシャンの礼拝堂〔209頁〕

ル・コルビュジエ設計
1955年完成
ロンシャン（フランス）

20世紀初頭、ル・コルビュジエを筆頭とするモダニズム建築の時代が到来。鉄・ガラス・コンクリートといった新素材を使い、合理的で装飾を排した建築が主流になる一方で、常識を覆す自由な造形も生み出されていった。

Louvre Abu Dhabi

ルーヴル・アブダビ〔213頁〕

ジャン・ヌーヴェル設計
2017年開館　アブダビ（アラブ首長国連邦）

経済復興の一環として観光客を誘致するため、各国でスター建築家による美術館建設が続いている。ルーヴル・アブダビのドーム天井はステンレススチールとアルミニウムの層が重ねられ、木洩れ日のような光が館内を満たす。

Chapter

1

古代

文明の夜明け

DAWN OF
THE CIVILIZATION

《サモトラケのニケ》
〔39頁〕前190年頃
ルーヴル美術館、パリ

DAWN OF THE CIVILIZATION

西洋文明の礎となった
オリエントと地中海世界の夜明け

古の人々は、何を考え、どのように暮らしていたのか——。

本章では、西洋文明が誕生した、今から軽く５０００年は遡ることのできるメソポタミアとエジプトの古代文明から始まって、西洋文化がその土台を築いた約２０００年前のギリシャとローマの文明までを、広く「古代」とひとくくりにして、その諸相を追っていく。

古代文明を扱った書籍や番組は多いが、例えば古代エジプトに関して、ピラミッドやミイラについてはかなりよく知っていても、当時の宗教や社会、芸術や暮らしぶりについてはさほどよく知られていない。

その世界に生きた人々は、どうやってあれほどの文明を築いたのか、その最初期や過程ではどのような出来事があったのか。ここでは、こうした「文明のはじまり」の段階について、できるだけわかりやすく、楽しく理解することを狙いとしている。

本書は西洋文明の歴史を扱うものだが、本章で対象となる地域はメソポタミアとエジプト、次いでギリシャとローマの地中海世界である。これは、西洋文明の起源がメソポタミアに生まれたシュメール文明とエジプト文明の2地域にあるためだ。そこから、エーゲ海文明とギリシャ、その拡大版である大ギリシャ圏（マグナ・グラエキア）、そしてその後地中海世界のほぼ全域を治めることになる古代ローマによる大統一までを概観する。

本書の中で最も長い期間を扱うが、時間の流れはゆっくりと雄大で、しかし大胆でダイナミックな動きをみせる時代区分でもある。

Chronology of Ancient Times

年月をかけて文明が育まれ、地中海世界が形成

3000BC → 27BC

3000BC

前3000頃
- エジプトで統一国家誕生
- メソポタミアでシュメール文明おこる
- 東地中海でエーゲ文明おこる

文明のはじまり〔22頁〕
文字の発明〔24頁〕

前2700頃
- エジプト古王国でピラミッドの建設

都市と権力〔26頁〕

前1800頃
- バビロン第一王朝で『ハンムラビ法典』制定

前1600頃
- クレタ文明おこる（〜前1400頃）
- ミケーネ文明おこる（〜前1200頃）

エーゲ文明の勃興〔32頁〕

前1500頃
- ヘブライ人（ユダヤ民族）、パレスチナに定住

ユダヤ教 — 一神教の登場〔40頁〕

前1350頃
- エジプト新王国でアメンヘテプ4世が一神教を創始

宗教の成立〔30頁〕

前1333頃
- ツタンカーメン王即位（〜1323頃）

前1230頃
- ヘブライ人の出エジプト

前1200頃
- ドーリア人がバルカン半島に南下し定住
- フェニキア人が地中海貿易を独占し、東地中海沿岸に都市国家を建設

1000BC

前1000
- ダビデ王が即位し、エルサレムにヘブライ（イスラエル）王国建設

前850頃
- エトルリア人、イタリアに移住

死生観と美術〔28頁〕

前800頃
- ギリシャでポリス（都市国家）が成立。またこの頃、ギリシャ人による移住政策始まる

市民社会の誕生〔34頁〕
マグナ・グラエキア〔36頁〕

前753頃
- ローマ建国（伝説）

ローマの誕生と拡大〔42頁〕

前586頃
- ヘブライ人、新バビロニア王国の都バビロンに強制移住（バビロン捕囚・〜前538）

前525頃
- アケメネス朝ペルシャのダレイオス1世、オリエントを統一。エジプト新王国滅亡

前509
- ローマで共和政が始まる

前500
- ペルシャ帝国によるギリシャ侵攻（ペルシャ戦争・〜前449）

前478
- アテネ主導の下、ギリシャ諸ポリスが対ペルシャのデロス同盟を締結（〜前477）

前431
- アテネとスパルタの対立
（ペロポネソス戦争・～前404）

前334
- アレクサンドロス大王の
東方遠征（～前324）

**アレクサンドロスの
東征とヘレニズム〔38頁〕**

前333 ● イッソスの戦い

前312
- ローマでアッピア街道と水道橋完成

ローマの覇権〔44頁〕

前218
- 第二次ポエニ戦争
（ハンニバル戦争・～前201）

前146
- ギリシャ諸都市、ローマの属州となる

前73
- スパルタクスの反乱（～前71）。
ローマの内乱が激しさを増す

前60
- 第1回三頭政治
（ポンペイウス・カエサル・クラッスス）

前58
- カエサル、ガリア遠征

前46
- カエサルの独裁始まる

前44
- カエサル暗殺

前43
- 第2回三頭政治
（オクタヴィアヌス・アントニウス・レピドゥス）

前31
- オクタヴィアヌス、
アントニウスとクレオパトラ7世の
連合軍を破る（アクティウムの海戦）

前30
- プトレマイオス朝エジプト滅亡。
ローマ帝国が地中海の覇権を握る

前27
- オクタヴィアヌス、
アウグストゥス（尊厳者）の称号を授かる

**共和政から君主政へ
— 帝政ローマの誕生〔46頁〕**

古代ヨーロッパを支配したローマ帝国の領域

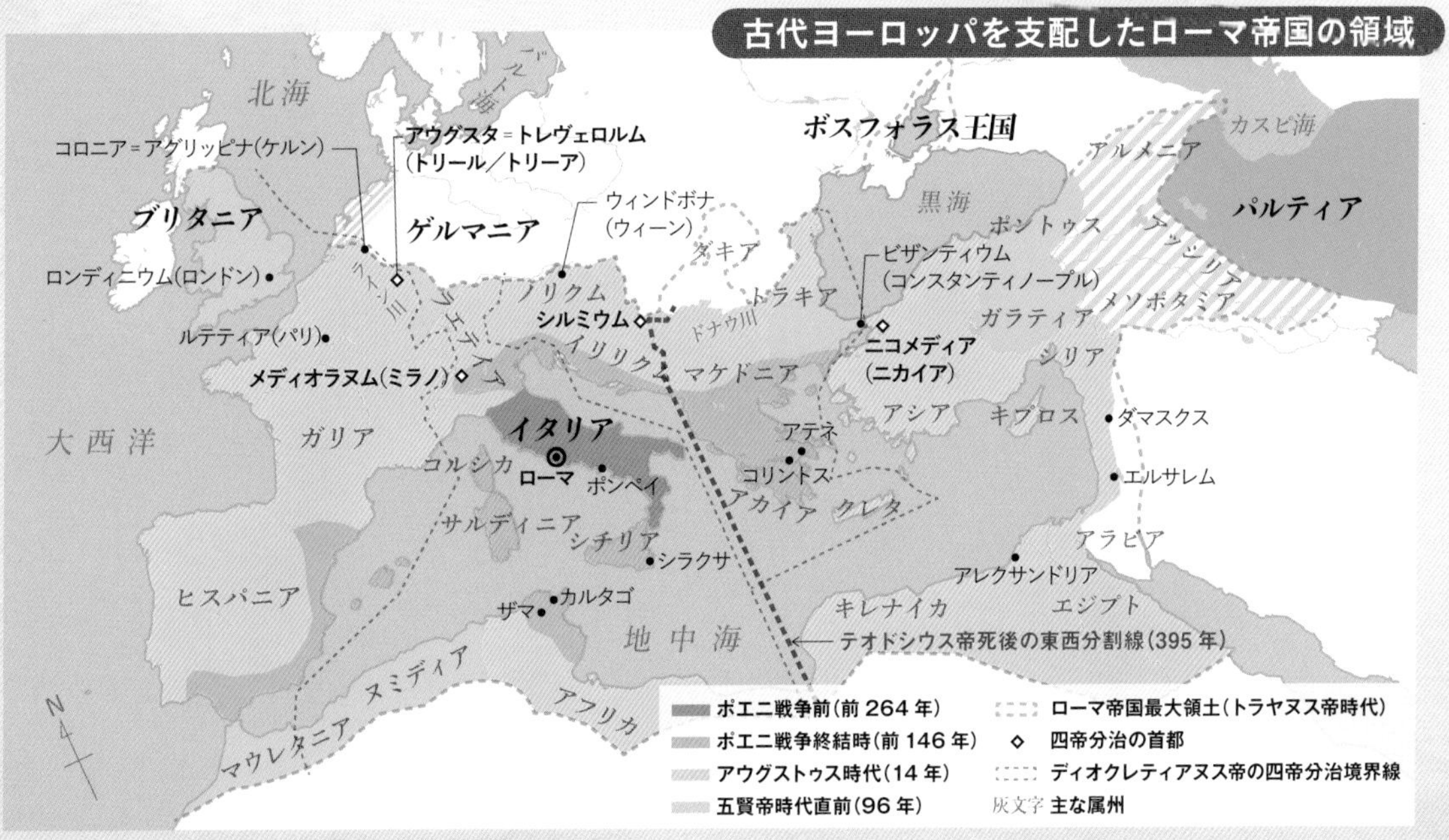

1 文明のはじまり

社会集団の形成と信仰・農耕のおこり

1940年にフランスのラスコーで発見された洞窟には、壁一面に動物とヒトの手形が描かれていた。炭や赤土を血液などで塗った現存最古の絵画であり、収穫への感謝の意などいくつかの説がある。

《ラスコーの洞窟壁画》 約2万年前　ラスコー（フランス）

最初の人類にあたる猿人（アウストラロピテクス）は、今からおよそ600万年前に誕生した。近縁種であるサルやチンパンジーとの最大の違いは常時二足歩行をする点であり、常に両手が自由になったことで道具の利用度も飛躍的に高まった。

　二足歩行は頭部の形状にも変化をもたらし、その後登場した原人（ホモ・エレクトゥス）の脳はそれまでの1・5倍以上の容積があった。彼らは斧《おの》を用いて初期の狩猟を始める。狩猟は集団で行うほうが有利なため、社会集団の形成を促す結果となった。加えて食糧の安定的な供給のためには農耕を行うほうがよく、人類は洞窟から出て平地に定住し始める。農耕はより大きな集団での行動を必要とし、結果的に共同体は徐々に巨大化し始め、各地に都市が形成されていった。

　文明を意味する英語「Civilization《シヴィライゼーション》」が都市を表すラテン語「Civitas《キヴィタス》」からいみじくも来ているように、都市の形成こそが文明の誕生へとつながった。一定規模以上の社会を運営するためには言語や指揮系統が共有されなければならず、ルールやモラルが守られる必要がある。そのために人類は宗教を必要とし、社会構造の維持のために頂点に立つ者に絶大な権威を付与しようとする。こうして指導者の神格化も含め、神なる存在が誕生した。

　人類が歴史の初期段階で遺した文化遺産は、こうした過程の各段階をよく伝えている。ラスコーの壁画は洞窟生活での狩猟段階を、ウルクの都市構造は灌漑《かんがい》農業による平地定住

太古の人々の
暮らしを伝える遺跡群

《ヴィレンドルフのヴィーナス》
約2万9500年前　ウィーン自然史博物館

小さな石像に
多産や豊穣の祈りを
込めて

オーストリアのヴィレンドルフ近郊から出土した、全長11センチメートルほどの石灰岩の小像。誇張された乳房の上に小さな腕がある。大地母神的な多産・豊穣祈願やお守りと考えられている。

《ウルクの都市遺跡》　前2900年頃　ウルク（イラク）

シュメール人が
築いた最古の
都市国家のひとつ

今のイラクにあたるメソポタミア地域では、いち早く灌漑農業が始まり、ウルやウルクといった都市が形成された。遺跡の上空写真からも、城壁や運河の跡がよくわかる。

謎の巨石群は
太陽の運行を
知るため？

円環状に並べられた長方形の巨石の上に、さらに横に石が渡されて円を描くように建てられていた。さまざまな説があるが、おそらく太陽の動きを知るためのものであり、太陽神信仰につながるものと思われる。

《ストーンヘンジ》
前3000〜前2500年頃
ソールズベリー近郊（イギリス）

と都市の形成を、そしてストーンヘンジは農耕に必要な知識である季節の変わり目を知るためのものであり、それがすなわち太陽神信仰につながったことをも教えてくれる。

2

文字の発明

人類が創り出した神話や歴史を記録

楔形文字で綴る
バビロン王国の条例

ウルで紀元前2040年代に作られた「ウル・ナンム法典」などを継承して、バビロン第1王朝の第6代ハンムラビ王の命によって作られた法典。旧約聖書の「目には目を」はこの法典から採用されたもの。

《ハンムラビ法典》(部分)
スサ(イラン)出土　前1792〜前1750年
ルーヴル美術館、パリ

《ハンムラビ法典の断片》　ルーヴル美術館、パリ

私たちが日々使っている木や山といった漢字は、それが意味している対象物の形を図案化したものである。文字通り形を象《かたど》った「象形文字」は人類が最初に手にした文字であり、つまりは「文字のはじまりは図形から」であり、文字と同時に美術も誕生したといってよい。

前項で扱ったウルやウルクなど最古の都市文化を築いたシュメール人は、最古の文字文明を遺した民族でもある。彼らは粘土を四角く固め、その表面がまだ柔らかいうちに図形を刻んで乾かした。ウルクでは、紀元前3200年頃まで遡ることができる地層から、1000枚を超える絵文字(ウルク古拙《こせつ》文字)の粘土板が発見されている。

　象形文字はしかし毎回手間暇かけてイラストを描くに等しいため、もっと単純化して書きやすくする模索が始まる。メソポタミアの土壌は粘土質であり、ティグリスとユーフラテスの二大河のそばには葦《あし》がビッシリと生えている。そこから、葦の茎を切断して断面を▼の形にし、粘土板に押し付けて線を引く「楔形《くさびがた》文字」が考案された。

　一方、古代エジプトで用いられた

象形文字から始まった文字の歴史

緑色岩や蛇紋岩などを円筒形にし、表面に像を刻み込んだもの。粘土板の上で転がすと、刻み込まれていたところがレリーフとなって像が浮かび上がる。ハンコやレリーフ彫刻、絵画や版画の元祖といえる。

《シュメールの円筒印章》
テル・アスマル（イラク）出土
前3000年紀　シカゴ大学東洋研究所

《死者の書（グリーンフィールド・パピルス）》
前950〜前930年頃　大英博物館、ロンドン

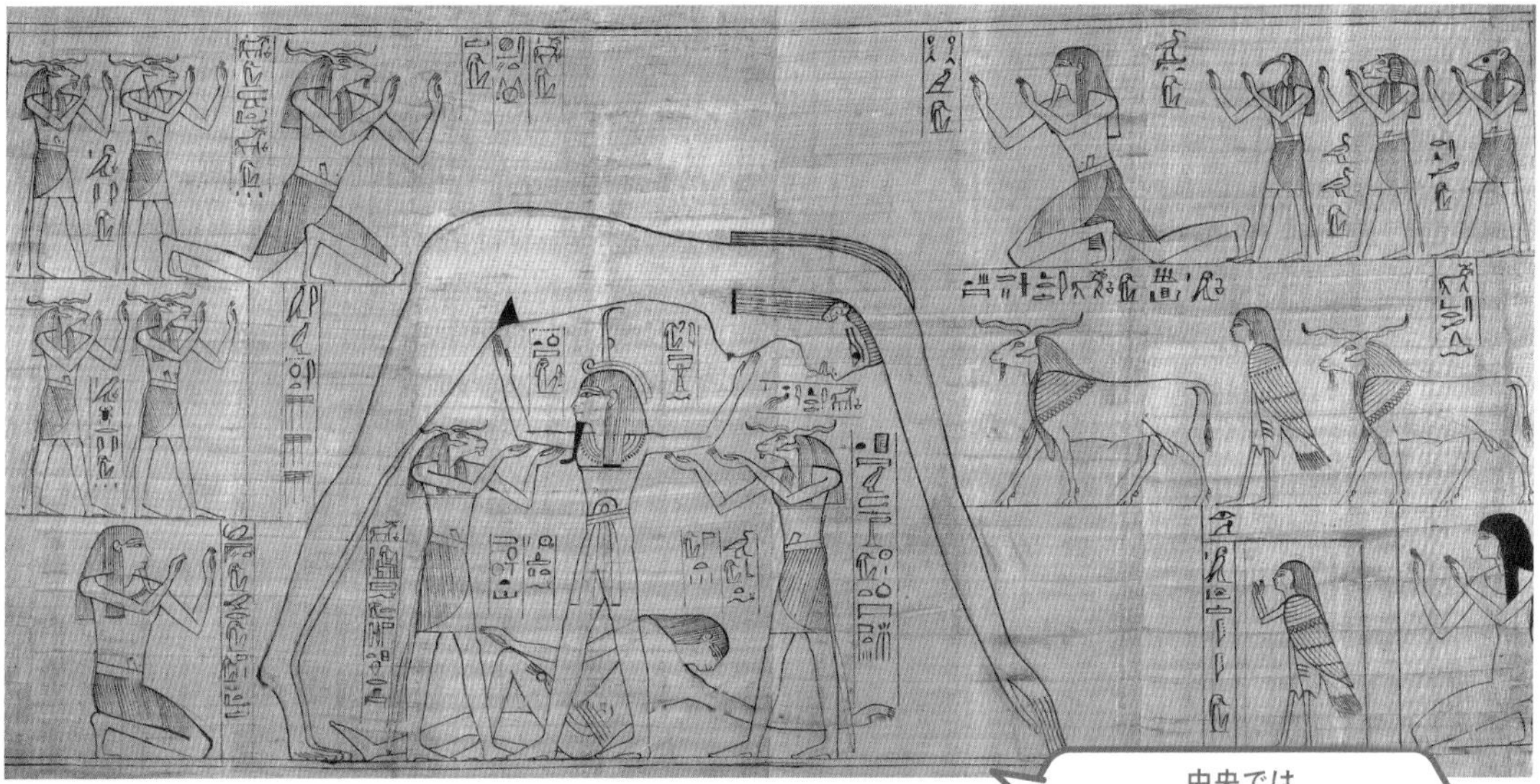

ナイル川流域では、パピルス草（カミガヤツリ）の薄片を重ねて接着したものを筆記用の媒体として使用した（英語の「paper《ペーパー》」の語源）。「死者の書」は副葬品として用いられた文書の総称。

ヒエログリフ（聖刻《せいこく》文字）は典型的な象形文字で、漢字やシュメール象形文字などと同じくひとつの図柄で特定の意味を表す表意文字として誕生したが、興味深いことに、ほどなく平仮名やアルファベットと同じ表音文字となっている。

人類はこうして文字を手に入れ、神々から始まる民族の歴史を記述し、神話を作って、さらには法律を規定するなどして社会を運営していった。

1799年にエジプトで発見された石碑断片。同一文章がヒエログリフとデモティック（民衆文字）、ギリシャ文字の3種類で書かれており、これをもとにフランスのシャンポリオンらがヒエログリフを解読した。

《ロゼッタ・ストーン》
前196年　大英博物館、ロンドン

3 都市と権力

王の神格化と強大な権力構造の形成

イタリアの
先住民族が築いた
石造りの集落群

ヌラーゲとは、最大で一辺1メートルほどの石のブロックを円筒状に積み上げて造られた建物のことで、サルデーニャ島の先住民によって始められた。それらは群を成して集落を形成している。

《ヌラーゲ・ス・ヌラジ》
前1500年頃
バルーミニ（サルデーニャ島）

旧約聖書のバベルの塔のモデルとなったのは、新バビロニアの都バビロンにあった巨大なジッグラトである。当時ユダヤ民族はその従属下に置かれており、強大な敵国の都にそびえる巨大な塔が破壊されるストーリーを語っては、受難の悲しみを癒していたのだろう。

アッカド語で「高きところ」を意味するジッグラトは、シュメール文明の初期段階で早くも各都市に造り始められていたとみられる。王が神の代理として人民を統治する形式の権力構造を作っていたため、その権威を示すためにもある程度高さのある建物を必要としたはずだ。単純な見方ではあるが、上から見下ろすほうが権力を示しやすいためだ。

市民が多くなればより高い建物を必要とするため、都市の発展とともに塔も大きくなっていった。こうして、地上における神の家ともいえる神殿は巨大化していき、その権威を背景に王が人民を統治する文化ができあがった。

一方、古代の巨石遺産を代表するエジプトのピラミッドは、神殿ではなく権力者たるファラオの墓である。神格化されたファラオの権威を示しており、そのため権力基盤が強力な時代のものがサイズも大きい。2トン以上の重さを持つ無数の石ブロックを切り出し、運搬して高く積み上げる作業の困難さは、今日でも方法が解明されていないほどだ。

こうした巨大建造物に必要な労力を動員できたのは強大な権力構造があったからこそであり、王が神格化されやすい文明の初期段階に特に見られるのもそのためである。

王の権威を知らしめる巨石建造物

《ウルのスタンダード》
前2500年頃　大英博物館、ロンドン

この高度な芸術品は、1927年に発掘された「ウルの王墓」に納められていた。幅50センチメートルほどの小さな箱の両面に、それぞれ戦争と饗宴の様子がラピスラズリなどで生き生きと表現されている。

《ウルのジッグラト》　前2100年頃　ナーシリーヤ近郊（イラク）

「畏れるべき礎の家」を意味するエ・テメン・ニグルの名で呼ばれたジッグラト。3層構造で62×43メートルの長方形プラン（平面図）を持つ。メソポタミアは浅い岩盤を持たない粘土質のため、石ブロックではなく、すべて煉瓦でできている。

メソポタミアの「ジッグラト」は「バベルの塔」のモデル

ピラミッドの規模は権力の大きさに比例

カイロ西方のギーザにある3基のピラミッド。最大のクフ王のものは、かつて146メートルもの高さを誇っていた（現在は137メートルほど）。盗掘により副葬品はすべて失われており、未解明の部分も多い。

《ギーザの三大ピラミッド》
右奥からクフ王（前2580～2560頃）・カフラー王（前2570頃）・メンカウラー王（前2510頃）のピラミッド群
ギーザ（エジプト）

4 死生観と美術

古代の人々はどのようにして死者を弔ってきたのか

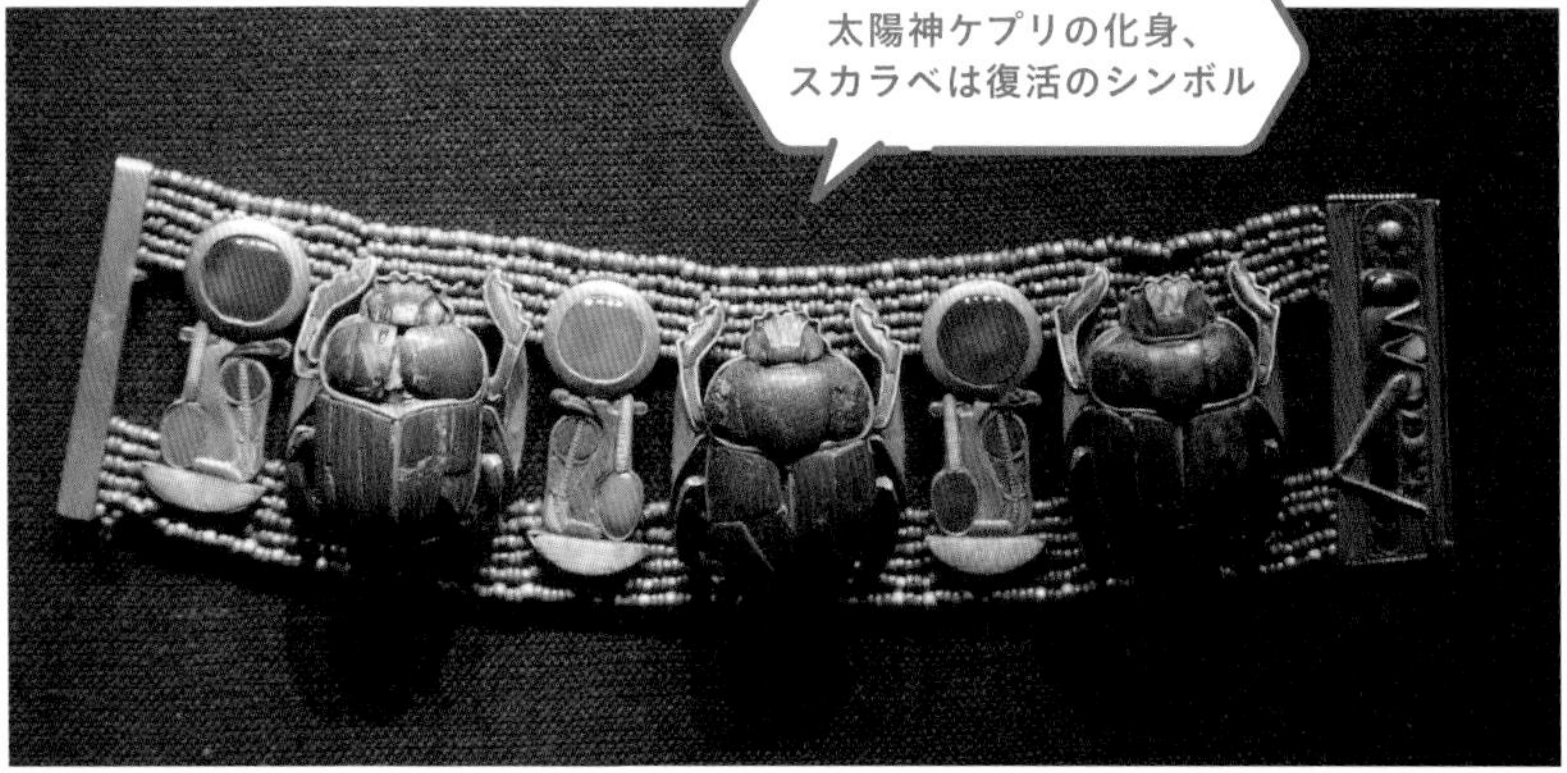

古代エジプトでは、スカラベ（フンコロガシ）が糞球を転がして進むさまを、天を駆ける太陽に見立てた。沈んではまた昇る太陽は死と復活の象徴であり、そこからフンコロガシが死後の生命の象徴となった。

《スカラベのブレスレット》（ツタンカーメン王の副葬品）新王国時代　大エジプト博物館、ギーザ（エジプト）

人は必ず死ぬが、肉体はまだそこにあるまま、反応しなくなるに過ぎない。生物学的なメカニズムについての知識がない古代にあっては、この現象は「体から生命を維持させていたものが抜けていった」ように思えたことだろう。それを人は「魂」や「霊」などと呼んでその存在を信じるようになった。

霊魂の姿は目に見えないため、息や雲のようにあたりに漂うか天高いところにあり、私たちを見下ろしているに違いない。そう思えばこそ、死者や先祖の霊を敬い、自分たちを護っていてほしいとの願いにつながる。こうして、人はあらゆる動物の

古代ギリシャでは、釉《ゆう》薬《やく》をかけずに焼成するレキュトス（香油壺）が死者に捧げる副葬品として用いられた。たいていその表面には、死者の生前の姿や職業、死因などがわかるような場面が描かれている。

《白地レキュトス》前420～前410年 ルーヴル美術館、パリ

死者の都「ネクロポリス」

チェルヴェーテリのネクロポリスで発見された夫婦の棺。テラコッタ（素焼き）製の棺のふた部分。夫の右手には杯があった。彼らはようやく現世の苦しみから解放されて死後の世界で暮らすため、祝杯をあげている。

《チェルヴェーテリの夫婦の棺》
チェルヴェーテリ（イタリア）出土
前520〜510年
ルーヴル美術館、パリ

横たわる宴席スタイルで死後の暮らしに乾杯！

イタリア半島中部で紀元前9世紀頃から独自の文明圏を築いていたエトルリア人によるネクロポリス。ローマ近郊にあるこの遺跡は墳墓の集合体で、道路や広場があり、上空からは都市の遺跡にしか見えない。

《ネクロポリスの墳墓》
前7〜前3世紀　バンディタッチャ墓地、チェルヴェーテリ（イタリア）

中で唯一死体を丁重に葬る慣習を持つようになった。

　風葬や鳥葬は、死者の魂を天空へ送り届けるために、そして多くの民族が選択した火葬も、死体の腐敗を避ける衛生的な目的に加えて、煙にのせて空高く霊魂を送るためにこそ選択された。

　土葬も広く行われており、古代エジプトでは死体から抜け出た魂が夜に戻ると考えて肉体を焼かなかった。一方でキリスト教徒は、最後の審判の日に地中から肉体が復活すると考えていたため土葬を選んだ。

　埋葬場は衛生的な理由とともに、そこを死者だけの特別な空間とするためにも、たいてい共同体の外側に置かれた。その極端な例が、いくつかの民族が作っていた「ネクロポリス（死者の都）」である。その中には広場や道路のような都市機能まで備えたものもあった。そこでは死後も生活が続くと考えられていたため、墳墓には食堂や寝室があった。

5 宗教の成立

科学が確立される前の人々の宗教観と美術の役割

多神教の
古代エジプトでは
猫も神さまに

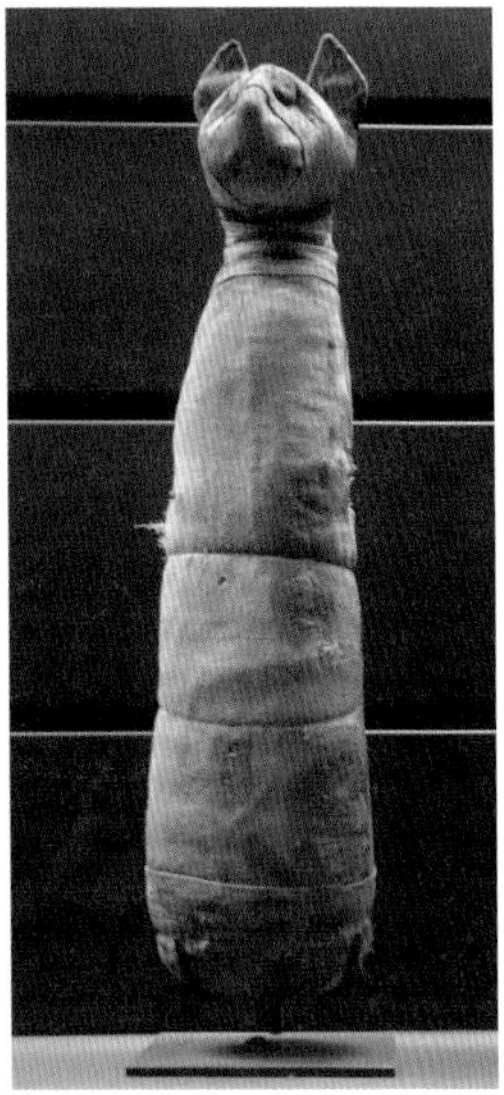

豊穣の女神バステトの化身は猫のため、神殿奉納用に猫のミイラが大量に作られた。19世紀のミイラブームで大量にイギリスに輸入されたが、飽和状態により価格が暴落し、暖炉の燃料や肥料にされた。

《猫のミイラ》
前3世紀頃　ルーヴル美術館、パリ

ウル第3王朝の王ウル・ナンムは、ウルのジッグラト〔27頁〕を拡張した人物。石碑断片では、座したナンナ神が、王に測量用の綱と尺を渡そうとしている。つまり神から委ねられた事業であるとの権威付けである。

王の権威付けに
「神」の存在は
不可欠だった

《ウル・ナンム王の建築碑》
ウル（イラク）出土　前2100年頃　ルーヴル美術館、パリ

現代に生きる私たちは、住んでいるところが宇宙に浮かぶ地球という球体で、1年かけて太陽のまわりを周回していることを知っている。しかし古代の人々は、そのような科学知識を持たないまま、この世界がどのような形をして、どのようにして創られたかについて思いをめぐらせた。人間が抱くこうした根源的な問いに答えるために生み出されたのが宗教である。だからこそ神話には、太古の人々の世界観が示されており、自分たちを何者と考えていたかが表されている。

根源的な問いのひとつである「私たちはなぜ死ぬのか」という疑問は、同時に不死の存在たる神という対概念を生む。多くの原始共同体で、神々は愛しあいもすれば戦いもする、人間とよく似たキャラクターとして

一神教から生まれた写実的なアマルナ美術

神の化身
ファラオには
黄金がふさわしい

アメンヘテプ4世の義理の息子（娘の夫）と考えられているツタンカーメンは、9歳で後継ファラオとなり、18歳で夭逝した。小規模の墓は盗掘被害を免れ、ほぼ完全な形で1922年に発見された。

《ツタンカーメンの黄金のマスク》
前1324年頃　エジプト考古学博物館、カイロ

人間らしい美しさを
湛える王妃の肖像

太陽神アメンを中心とする多神教から、アメンヘテプ4世はアテン一神教へと切り替え、自らも「アテン神のために」を意味するイクナートンと改名した。この時期のエジプトにヘブライ人奴隷がいたことは、後のユダヤ一神教誕生との関連を思わせる。

《王妃ネフェルティティの胸像》
伝トトメス　前1340年頃　エジプト博物館、ベルリン

形成されていく。

「都市と権力」の項（26頁）で見たように、共同体が大きくなれば統治に必要な権力も強大である必要があるため、統治者を現人神《あらひとがみ》とみなす構造ができあがった。古代エジプトのファラオはその典型例であり、死体は防腐処理を施されてミイラとなって、巨大な墓に安置された。

その中で、アメンヘテプ4世は一神教を創始している。この改革は一代限りで終わり、後継ファラオのトゥット・アンク・アメン（ツタンカーメン）の代で多神教に戻された。

アマルナ美術と呼ばれるこの改革期の美術は、一神教ならではの特筆すべき独自性を発揮している。というのも、唯一神信仰はすなわちファラオ自身がもはや現人神ではないことを意味する。そのため妃ネフェルティティの胸像は人間ファラオの妻たるひとりの人間として極めて写実的に描写されており、神々しくも非人間的なツタンカーメンの黄金のマスクと好対照を見せている。

6

エーゲ文明の勃興

東地中海に花開いた西洋最古の文明

今日のギリシャとアナトリア半島（トルコ）に挟まれた温暖なエーゲ海は、島嶼部の複雑な地形も幸いして魚や果実に恵まれ、東地中海地域で最古の文明が誕生した。

デロス島をはじめとしたキクラデス諸島では、紀元前３０００年頃から各地に中規模集落が誕生し、初期青銅器時代には極端に抽象化された人体石偶が多数作られた。同地域には銀や銅、鉛などの資源を有し、石偶には大理石が用いられた。これは以降の「人体彫像といえば大理石」という西洋美術のスタンダードなイメージの土台となった。

やや遅れて小アジア（トルコ）で始まったトロイア文明はトロイア（イリオス）遺跡で名高いが、専制的な権力構造を背景としている。

クレタ島を中心に、キクラデス文明を吸収する形で発展したミノア（クレタ）文明は、ミノタウロスの迷宮のモデルともなったクノッソス宮殿に代表される、専制的で大規模な文化を築いた。彼らは線文字Aと呼ばれる文字も発明したが、いまだ解読されていない言語でもある。

後期青銅器時代にミュケーナイ（ミケーネ）を中心に興ったミケーネ文明は、先行文明を吸収しながら

全長30センチが多い中、
こちらは頭部だけで
27センチ！

《キクラデスの石像（女性偶像の大理石頭部）》
ケロス島（キクラデス諸島）出土
前2700〜前2300年頃　ルーヴル美術館、パリ

キクラデス文明

前3200年頃〜前1100年頃

断片を含めると1000体以上発見されているキクラデス石偶は、おそらく副葬品や宗教儀式のための祭具として制作されたと考えられている。現代の抽象美術を思わせるようなシンプルなデザインを特徴とする。

西洋美術の礎となったギリシャの三大文明

ミノア文明

前3000年頃～前1100年頃

クレタ島に遺るクノッソス宮殿は、約160メートル四方の大規模な宮殿であり、青銅器時代最大のサイズを誇る。紀元前1900年頃から建てられ始め、紀元前1370年頃に放置されて廃墟となった。

《クノッソス宮殿遺跡》　クレタ島

劇場、工房、倉庫を備えたミノア文明最大の複合建築

ミノア文明における土器（および陶器）であるカマレス式土器は、おそらくろくろを使って製造されており、赤や褐色、白色によって、渦巻き模様や葉状図形などの抽象パターンで彩られている。

《カマレス式土器》　フェストス宮殿（クレタ島）出土
前1750～前1700年頃　イラクリオン考古学博物館（クレタ島）

ミケーネ文明

前1600年～前1100年頃

トロイア戦争が神話でなく史実であると信じ、調査と発掘を重ねたドイツの考古学者シュリーマンによって、1876年に発掘されたもののひとつ。死者の顔を覆うためのもので、古代エジプトの影響を示している。

《アガメムノンの黄金のマスク》
ミケーネ（ギリシャ）出土　前16世紀
国立考古学博物館、アテネ

ホメロスが讃えた「黄金のミュケーナイ」の存在を実証

発展し、線文字Bや、《アガメムノンの黄金のマスク》や《獅子の門》で知られる高度な文化を誇った。

　これらの総称であるエーゲ文明は、その後フェニキア系ともみられる謎の民族「海の民」の来襲を受けていったんは衰退するが、紀元前700年頃から再び隆盛を迎え、ポリス社会による古代ギリシャ文化と、その後の西洋文化の基礎を築いた。

《パルテノン・フリーズ》（部分）　前438～前432年頃　大英博物館、ロンドン

7 市民社会の誕生

民主政を拠り所としたギリシャのポリス社会

メソポタミアとエジプトを両親に持つ西洋文化は、ギリシャで揺籃期を迎えた。ただしギリシャには統一国家があったわけではなく、半島と島嶼部に点在する平野や盆地ごとにできた都市国家「ポリス」の集まりである。都市のそうした狭さゆえに、エジプトを訪れたギリシャの歴史家ヘロドトスは、穀倉地帯たるナイル川流域の広大さと豊かさを見て「エジプトはナイルの賜物」なる言葉を残したのである。

ギリシャのポリス社会の特色のひとつは民主政にある。特に少人口の都市の時代に顕著で、広場に住民が集まって、直接選挙によって政体を運営していた。このため各都市は中央に広場（アゴラ）を持ち、後のローマ諸都市にも広場（フォールム）として引き継がれた。

専制的な君主を出さないようにする努力は過剰なほどで、人気があって権力者になりかねないような人物の名を陶片（オストラコン）に書いて投票し、一定数集まった人物を追放するような政策（陶片追放）が採られることさえあった。そのおかげでギリシャには専制的な帝国は登場せず、ひとつの都市国家が全域を支配することもなかった。もちろん、アテネやスパルタ、テーバイのような主要国家がそれぞれの同盟都市を従え、お互いに覇権を競うこともあったが、全体から見ればギリシャはあくまで内戦レヴェルでとどまっていたといってよい。

彼らは言語と法律を整備し、優れた文学と哲学を生み出した。美術では大理石彫像と、主として陶器の表面を画面とする絵画を発展させた。

「高きところ」を意味するアクロポリスは、各地のポリスに見られたシンボリックな小高い丘のことである。最初は統治者の住居があったが、ポリス社会になってからは神殿が建てられ、市民の精神的中心となった。
《アテネのアクロポリス》

西洋美術が手本とする絵画と彫刻の発展

大英博物館の代表的な収蔵品である《パルテノン・フリーズ（エルギン・マーブル)》は、かつてアテネのパルテノン神殿を飾っていたが、19世紀初めにイギリスの駐オスマン帝国大使エルギン伯爵によって運び出された。

エクセーキアースの弟子「アンドキデスの画家」の発明とされる赤像《せきぞう》式は、黒釉薬を筆で描く手法である。これにより、黒像式と比べて曲線や細かな描写の自由度が格段に高まった。

《アッティカ赤像式
スタムノス：蛇を絞め殺す
幼児ヘラクレス》(部分)
ベルリンの画家
前480～前470年頃
ルーヴル美術館、パリ

黒像《こくぞう》式とは陶器の全面に黒釉薬《こくゆうやく》を塗って焼き、人物像の黒を残して背景や線を削り取る手法のこと。同手法の完成者とされる画家エクセーキアースによる、緻密な刻線をマントの装飾部分などに見ることができる。
《黒像式アンフォラ：将棋を指すアキレウスとアイアース》(部分)
エクセーキアース　前540～530年頃　ヴァチカン美術館

8 マグナ・グラエキア

植民都市の増加による統一様式の広がり

島嶼部に発展したギリシャ諸都市では、耕作に適した土地が限られ、ひとつひとつの都市の人口にもおのずと限界があった。そのため、人口がある程度増えるたびに、あらたな植民地へ移住するための遠征隊が組織された。中心都市であるアテネ（アテナイ）でさえ、人口はほぼ4万以下に抑えられ、ほかの都市はおしなべて数千から2万程度を維持していた。こうした移住政策は早くも紀元前8世紀頃には始められ、地中海と黒海の沿岸にギリシャ人による植民都市が増え続けていった。その中には、シチリア島のシラクーザ（シュラクサイ）のように、人口5万を超えるような大都市も生まれている。

　こうして地中海全域に増殖して大ギリシャ圏（マグナ・グラエキア）

音響効果が考慮された最大級のギリシャ劇場

西洋演劇の祖となったギリシャ喜悲劇は、半円形のプランを持ち、観客席がすり鉢状に傾斜したギリシャ式劇場を舞台とした。マグナ・グラエキアの広がりとともにギリシャ劇場は各地に造られていった。

《ギリシャ劇場》
前5世紀　シラクーザ（シチリア島）

ギリシャ建築の3つの様式《オーダー》

ローマのコロッセオ〔56頁〕は最下段から①～③の順で装飾されている。

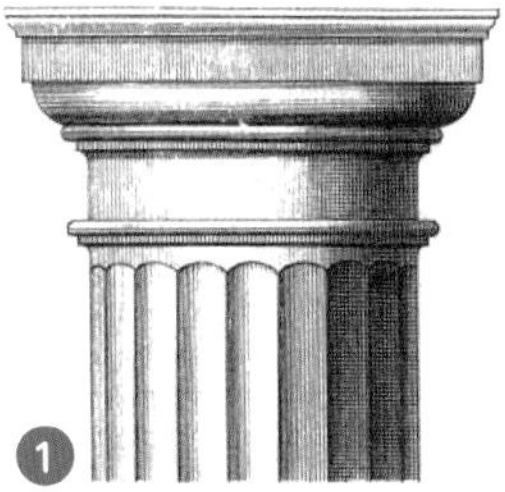

1 シンプルで重厚なドーリス（ドーリア）式

2 渦巻き模様のイオニア式

3 アカンサス模様のコリント式

直立不動の
アルカイック期から
より自然なクラシック期へ

ギリシャ建築は円柱による列柱と、その上に水平に渡されたリンテル（まぐさ石）を基本とする。円柱の代わりに、女神などを象った人像柱（カリアティド）を用いた神殿も多く造られた。

《エレクテイオンのカリアティド》
前421〜前407年頃　アテネのアクロポリス

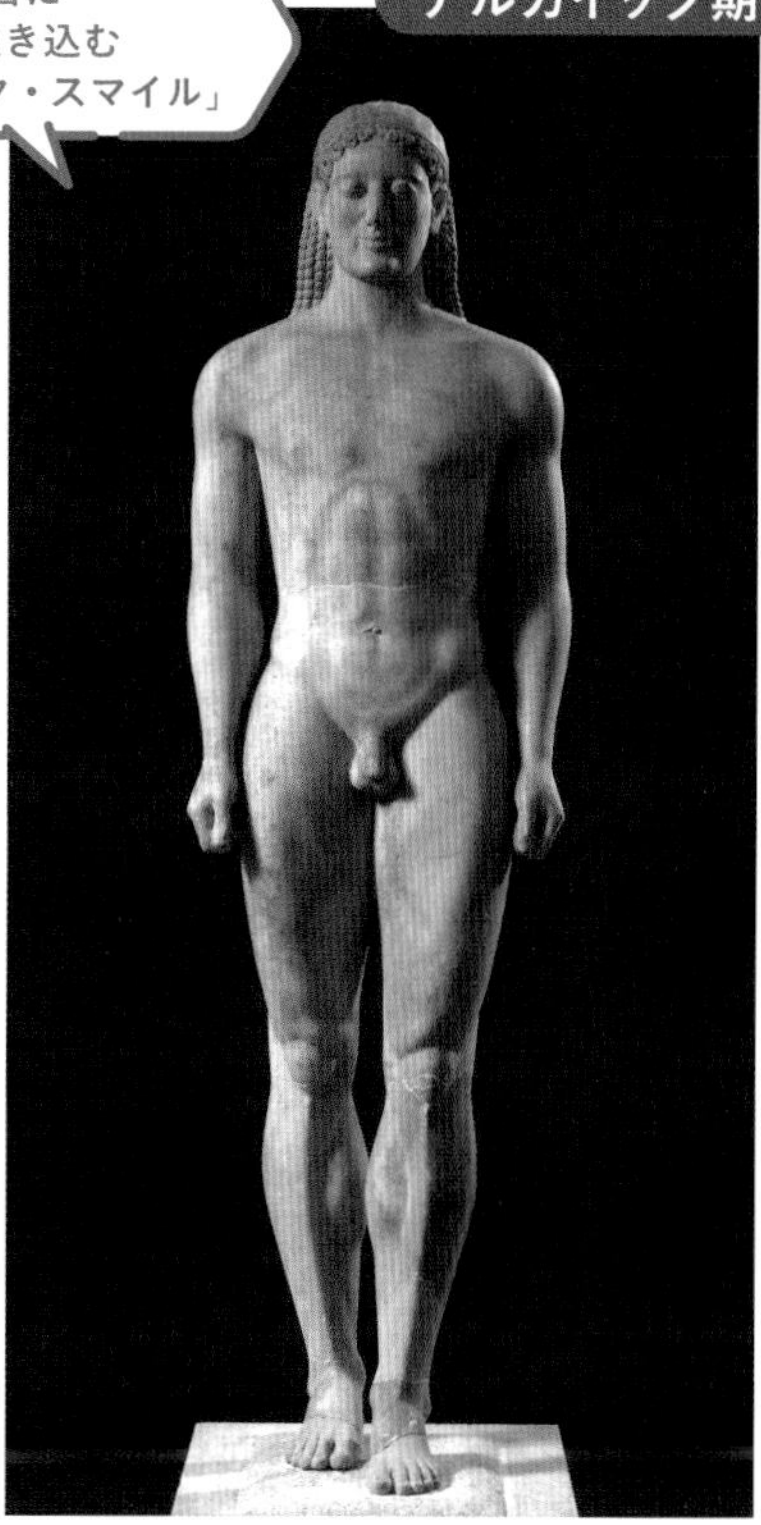

直立し両脚を均等に前後させた男性裸体立像をクーロス、着衣女性立像をコレーと呼ぶ。わずかに口角を上げた微笑みであるアルカイック・スマイルが特徴的である。

《クーロス像》
前530年頃　国立考古学博物館、アテネ

を形成した植民都市の存在は、ギリシャ文化の伝播に大きく貢献した。この点で、同じ東地中海における強国だったエジプトと比較しても、その後の地中海世界への影響力には大きな差がある。エジプトは豊かなナイルの恩恵にあずかったからこそ、外に打って出ようとした為政者は多くない。エジプト王国時代は長期にわたったが、言語や神話、政体や衣食住に至るまで、エジプト独自の文化は比較的少ない変化にとどまった。美術をとってみても、胸部だけ正面観で、頭部や手足は側面観で描く独特の人物描写は、地中海世界ではスタンダードなものとはならず、エジプト限定の表現にとどまった。

一方のギリシャ美術がその後の西洋美術のベースとなったことは、片方の足に体重をかける「コントラポスト」の表現（体育の「休め」の姿勢に似ている）や、ギリシャ建築の装飾様式（オーダー）が近代に至るまで西洋美術の基本要素となったことなどでも明らかである。

9

アレクサンドロスの東征とヘレニズム

オリエント文化と融合し西洋文明の礎を築く

ポンペイのファウヌスの家から発見されたモザイク画。場面は紀元前333年のイッソスの戦い。画面右にダレイオス、左の馬上がアレクサンドロス。ローマでも大王の偉業が知られ、人気が高かったことがわかる。

《アレクサンダー・モザイク（イッソスの戦い）》（部分）　ポンペイ出土　前1世紀　ナポリ国立考古学博物館

ペルシャ帝国と張り合っていたギリシャ都市国家群は、意外な勢力によって急速に統一が図られる。バルカン半島の北にいたマケドニア人である。それまで小国にすぎなかったが、国政と軍部を大胆に改革した王ピリッポス（フィリッポス）2世によって、紀元前338年にはギリシャ世界をほぼ勢力下に置く。後を継いだ20歳のアレクサンドロス3世もまた父に劣らぬ天才的な軍略家で、大国ペルシャを相手に連勝街道を走り始める。

王位を継いでわずか5年後にはペルシャ王ダレイオス3世の軍に致命的な打撃を加え、バビロンに入城する。彼の一大帝国は、それまでのペルシャ帝国の最大版図にほぼ重なるが、両者が大きく異なるのは、東方起源のペルシャがメソポタミアに進

ヘレニズム彫刻を代表するこの女神像は、キクラデス諸島のメロス島で発見された。大きく両脚を前後させ、胴体をひねるポーズがヘレニズム美術の特徴である。欠けた左手にはリンゴを持っていたと思われる。

《ミロのヴィーナス》
前100年頃　ルーヴル美術館、パリ

古代ギリシャ美術がここに完成

石であることを
忘れさせる
迫力の人体表現！

トロイア戦争の有名な木馬計画を怪しみ、城内に入れることに反対した神官ラオコーンとその息子たちが、神によって送り込まれた海蛇によって絞殺される場面。1506年にローマで出土し、後世に大きな影響を与えた。

《ラオコーン》　前40〜前30年頃　ヴァチカン美術館

《サモトラケのニケ》
前190年頃　ルーヴル美術館、パリ

紀元前2世紀の
海戦の勝利を記念した
女神像

《ミロのヴィーナス》と並ぶ、ルーヴル美術館と古代美術のアイコン。1863年にサモトラキ島で頭部と腕を欠く断片として発見された。ニケは勝利の女神であり、有名なスポーツメーカーの名はその英語読みである。

出した形であるのに対し、マケドニアのそれは、ギリシャ圏が古代オリエント(東方)世界全域を初めて支配下に置いたことを意味する点にある。

アレクサンドロス3世は異民族間の婚姻を奨励するなど融和政策を進めるが、32歳の若さで急逝する。かつてなかったほどの大帝国は後継者たちによって分割統治され、地中海地域とオリエントは「ヘレニズム」と呼ばれる時代を迎えた。

ヘレニズムは、ギリシャ人の祖とされる神話上の人物ヘレーンの名に由来する。大王の東征に始まる約300年間を指し、分割後の帝国がゆるやかに衰退していくのに並行して、東西の文化が相互に影響し合い、融合していった。マケドニア人らは、文化先進地域だったオリエント世界に学んでヘレニズム文化を作り出し、地中海全域へ、そしてヨーロッパ大陸内部へとそれを伝えていった。ここに至って、シュメールやエジプトに始まる古代文明が西洋に持ち込まれ、西洋文明の礎となった。

イスラエルの中心であるエルサレムは、ユダヤ教の聖地であるとともに、キリスト教とイスラム教にとっての聖地でもあるため、長い間奪い合われる地となった。嘆きの壁は、ディアスポラの象徴である。

《嘆きの壁と岩のドーム》　エルサレム

嘆きの壁は
ローマ軍に破壊された
エルサレム神殿の遺構

10 ユダヤ教
―一神教の登場

ソロモン統治下の繁栄と
エルサレムからの追放

カナン地域（現在のイスラエルとその周辺）に住んでいたヘブライ人（ユダヤ民族）は、紀元前14世紀頃に飢饉によりエジプトに移住し、従属下に置かれていたとされる。その後、モーセに率いられて脱出し、カナンを征服し定住化した。これら神話的段階の歴史はトーラー（モーセ五書）に記されている。

トーラーを含む聖典「タナッハ」はユダヤ教の聖典であり、派生して誕生したキリスト教やイスラム教でも聖典の一部となっている。それら3つの宗教には、ほとんどの宗教にはない「一神教」という特質がある。今でこそ最多信者数を誇る2つの宗教が一神教だが、人類の長い歴史の中では例外的な存在である。

楽園を追放されたアダムとエヴァは、カインとアベルという2人の男

時を超えて受け継がれるユダヤ民族の歴史

ユダヤ民族の歴史を物語る「アベルの殺人」

旧約聖書に記された兄弟間の争いには、ベースとなった先行神話がある。シュメール文明に起源を持つ神話で、女神をめぐって牧羊神と農耕神が争う。これを基に、ユダヤ民族は自分たちの状況を織り込んでいった。

《カインとアベル》 ティツィアーノ・ヴェチェッリオ
1542〜44年 サンタ・マリア・デッラ・サルーテ教会、ヴェネツィア

敵国の都バビロンの巨塔が破壊される物語

旧約聖書でもよく知られた逸話のひとつであるバベルの塔は、支配を受けていた敵国の都バビロンに実際にあったジッグラト〔26頁〕がモデルである。記述で神が「我々」と一人称複数形を用いているのは多神教の名残か。

《バベルの塔》 ピーテル・ブリューゲル1世
1563年 美術史美術館、ウィーン

《トーラー（モーセ五書）》

旧約聖書はユダヤ民族のための聖典だが、彼らがそれを「旧《ふる》い契約」と呼ぶはずもなく、トーラー（律法書）、ネイビーム（預言者の書）、ケトゥビーム（諸書）の頭文字から「TNK（タナッハ）」と総称する。

子を得る。兄は農耕、弟は牧畜に従事し、収穫を神に感謝するためにその一部を還元する（燔祭《はんさい》）。しかし神はなぜか兄を無視し、弟からのみ受け取る。兄はこの仕打ちに耐えられず、弟を殺害してしまう。

人類最初の殺人の逸話が伝承されたわけは、彼らが選んだ職業にある。物語の構図はつまり、ユダヤ民族が置かれていた状況の縮図にほかならない。彼らは長い間遊牧民族であり、アベルの捧げ物だけが神に受け容れられたのは、神に選ばれし民族であることを意味する（いわゆる選民思想）。一方、エジプトやバビロニアなど、ユダヤ民族をしばしば支配した周辺の強国はすべて農耕民族である。そのため、ユダヤの神がカインの捧げ物を受け取るはずがないのだ。

ユダヤ民族はその後、ダビデとソロモンによる繁栄の時代を経て、ローマの支配を受け、ついにはハドリアヌス帝によってエルサレムから追放されてしまう。この離散状態（ディアスポラ）は20世紀まで続いた。

メスの狼に育てられたとされるロムルスとレムスの伝説は、「狼の乳を飲む双子」の姿でローマのアイコンとなっており、市の至るところで見かける。本作の双子は、後世になって加えられたもの。

《カピトリーノの牝狼》
前5世紀初頭（双子像は15世紀）
カピトリーニ美術館、ローマ

狼に育てられた兄弟像は
ローマ建国のシンボル

11 ローマの誕生と拡大

共和政を打ち立てた地中海世界の覇者

やがて全地中海世界に覇権を打ち立て、古代世界に終焉をもたらすローマは、もともとラテン人による一都市から始まったにすぎない。伝承では、狼に育てられたとされる双子の兄弟ロムルスとレムスが戦い、勝利を収めたロムルスが紀元前753年に初代の王となったとされる。その後、周辺のサビーニ人やエトルリア人の都市を次々に攻め落としながら拡大していく。

　エトルリア人で第6代のローマ王となったセルウィウス・トゥッリウスは、人口増に対処するためクラッシス（等級）とケントゥーリア（百人隊）制を導入する。市民はいずれかの百人隊に所属するが、軍のためのこの組織が、最小行政単位の役割を果たして共和政の土壌となった。

　そして紀元前509年、第7代のタルクィニウス・スペルブス王の圧政に対し、市民が蜂起して王政を打倒。伝承では王の息子に乱暴された人妻ルクレティアが、夫と父に告白し自殺したことがきっかけとされる。こうしてケントゥーリア民会を中心とする共和政ローマが誕生した。

　ローマは紀元前3世紀にはイタリア半島を統一。地中海の対岸にあたる北アフリカで一大勢力となっていたカルタゴと対峙する。カルタゴはフェニキア人が建設した植民都市のひとつで、ギリシャ系植民都市と張り合うほど多くの拠点を築いていた。

　象を前線に並べて突進させるカルタゴの天才ハンニバル将軍の姿は、ローマを震え上がらせた。しかしローマはザマの戦いでこれを破り、カルタゴを徹底的に破壊して北アフリカを属州化。地中海の覇者となった。

古代ローマの物語は芸術家たちの創作源

**共和政ローマは
フランス革命期の
美術の題材に**

男ばかりのラテン人が、偽の襲撃情報を流してサビーニ人を都市から出兵させ、その隙に女性たちをさらう。後年サビーニ人が取り返しに来たが、女性たちは夫となった人と父や兄弟が戦うのを止めたとされる伝説。

《サビーニの女たちの仲裁》
ジャック=ルイ・ダヴィッド
1799年　ルーヴル美術館、パリ

**カルタゴの将軍
ハンニバルの伝説は
英国ロマン派画家を魅了**

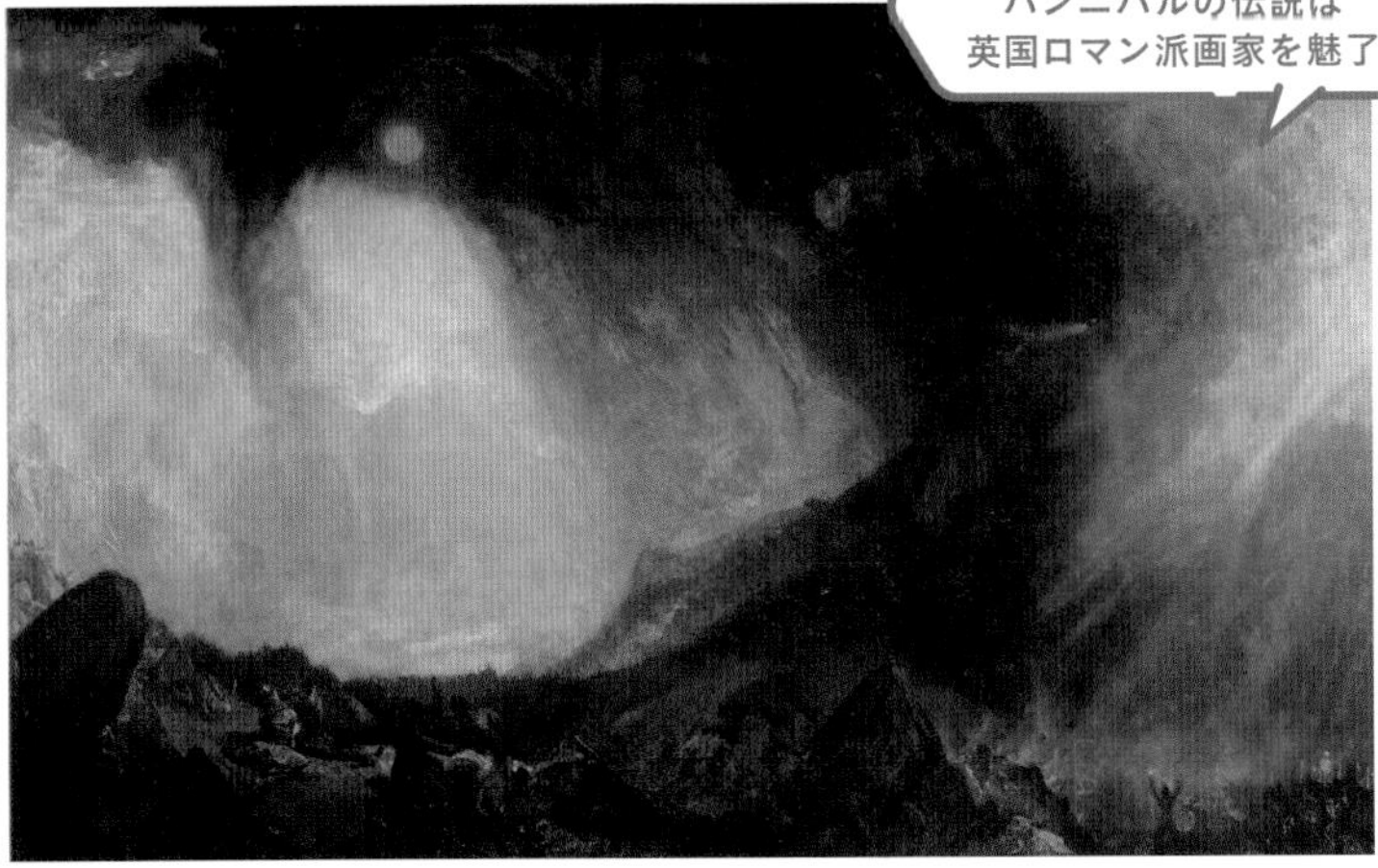

象軍を率いてのハンニバルの「アルプス越え」は広く知られ、ヨーロッパにとっての敵でありながら、その後も英雄像として根強い人気があった。本作はその大胆な作戦の様子を想像で描いている。

《雪嵐：アルプスを越えるハンニバル》
ジョセフ・マロード・ウィリアム・ターナー
1812年　テート・ブリテン、ロンドン

**共和政と
貞節を象徴する
ルクレティア**

王政を終わらせ共和政の誕生を促したとされるルクレティアは、その後もずっと共和政のシンボルであり続けた。加えて、貞操に命をかけた女性として、妻たちの肖像画のモチーフとして高い人気を誇った。

《ルクレティア》
ルーカス・クラナッハ（父）
1525年　個人蔵

12

ローマの覇権

急速な人口増加に伴うインフラの整備

《セゴビアの水道橋》　スペイン

ローマ建築に欠かせない半円アーチ

半円アーチ（ローマン・アーチ）は、半円形の木枠の上に、端から石材を置いていき、中央の要石《かなめいし》を入れた後に木枠を引き抜く方法で建設された。この方式により柱同士を離し、上に負荷をかけることが可能となった。

ローマの広大な版図には、地域ごとに中核都市ができていった。それらの都市でも人口増に対応するため水道が引かれた。水漏れを防ぐため、水道橋を構成する石材は、紙さえ入らないほどピタリと並べられている。

《ラス・ファレラスの水道橋》　前1世紀　タラゴナ（スペイン）

共和政ローマはケントゥーリア民会と元老院（セナートゥス）の2つの議会からなり、元老院が執政官（コンスル）の候補者を選び、民会で選出する方式をとった。王政を繰り返さないように、最高行政官である執政官の任期は1年。2名で互いに拒否権を持っていた。今でもヨーロッパ中の遺跡で目にする「SPQR」とは、「ローマの市民と元老院」の意のラテン語の頭文字である。

周辺地域を征服するに従って、ローマは発展し人口も急速に増えていった。住民の飲料水を確保するためローマには周辺の高地から水道が引かれた。水道橋の建設を可能にしたのが半円アーチの開発であり、ギリシャのリンテル構造と比べて間口を広く、かつ多層構造を可能にした。

紀元前312年に完成した最初

帝国の繁栄を支えたローマの建築技術

街道は大きな石が並んだ表面の下に、衝撃吸収と水はけのための何層もの小石や砂の層を持つ。かつてローマの港だったオスティア・アンティーカは、テーヴェレ川が運ぶ土砂によって海岸線が後退し放置された。

《オスティア・アンティーカの街道》 ローマ

ローマの中心部にあったチルコ・マッシモは王政時代に起源を持ち、549年まで使用された。その後、教会建築のために観客席の大理石がすべて剝ぎ取られた。映画『ベン・ハー』の舞台としても有名である。

《チルコ・マッシモ遺跡》 前4世紀　ローマ

の大型水道であるアッピア水道は、全長約16キロメートル。そして1日あたり18万立方メートルの水を送るマルキア水道に至っては、全長90キロメートル以上に達した。ちなみに有名な《トレヴィの泉》は、ヴィルゴ水道の終点にあたる。これら水道の勾配は、距離1キロメートルにつき平均で約34センチしか下がらない精確さでできており、こうした高度な建築技術が市民の生活を支えた。

　また、軍を迅速かつ効率よく運用するために街道が張り巡らされ、かつてない長さの国境線を防衛するために狼煙《のろし》などによる伝達システムや駅逓《えきてい》制度も整備された。庶民の娯楽の場は図書館などを備える公衆浴場と劇場、競馬場と闘技場などだった。中でもローマの大競馬場（チルコ《キルクス》・マッシモ《マクシムス》）は30万人もの観客を収容することができた。当時世界中を見渡しても10万以上の人口を持つ都市が数えるほどしかなかったことを思えば、ローマの桁《けた》外れの規模がわかるというものだ。

13

共和政から君主政へ
——帝政ローマの誕生

ローマ彫刻の
最高峰に挙げられる
初代皇帝
アウグストゥス像

片手を上げ、軍の最高司令官として兵士の訓練を行っているオクタヴィアヌス。1863年に出土した作品だが、かつては類似の像が帝国中にあった。裸足なのは死後の姿だから、とする説がある。

《プリマ・ポルタのアウグストゥス》
1世紀初頭　ヴァチカン美術館

拡大を続けた共和政ローマでは、ラテン人による少数支配に徐々に綻《ほころ》びが生じ始める。各地で奴隷が反乱し、同盟市との戦争も始まり、全同盟市民にローマ市民権を与える結果となった。そして都ローマの内部では、民会と元老院の対立が続いていた。

カエサルの台頭と最大領域の獲得

こうした混乱の中、ユリウス・カエサル（英語読みでジュリアス・シーザー）が台頭する。彼はその軍事と政治の才を活かして元老院を圧倒し、終身の独裁官（ディクタトール）に就任し元首政治を準備した。暗殺されたため自ら皇帝になることはかなわなかったが、カエサルこそが帝政を創出した人物である。

その後継者であるオクタヴィアヌスがアウグストゥス（尊厳者）となり、初代ローマ皇帝となる。その前に、彼はライヴァルのアントニウスとクレオパトラが組んだ連合艦隊も破っている。クレオパトラはアレクサンドロス3世大王の死後、その右腕だったプトレマイオスが建てた王国の最後の女王である。つまり彼女の敗北と死は、ヘレニズム時代が終

ギリシャに学び独自の文化を醸成

万神殿として初代皇帝アウグストゥスの右腕アグリッパによって紀元前27年に建設され、125年にハドリアヌス帝によって再建された。完全な球体がピッタリ収まる正確無比な姿をしており、教会に転用されたため破壊を免れた。

《パンテオン》
前27年（118〜125年再建）　ローマ

民会派の政治家としてキャリアをスタートさせたカエサルは、ガリア（現フランス）やヒスパニア（現スペイン）を次々に征服して巨万の富を得た。「帝王切開」の語は、彼の出生時の伝承に由来する。

《カエサル胸像》
1世紀　ナポリ国立考古学博物館

1万〜1万5000人ほどの中堅都市だったポンペイは、79年の火山の噴火で滅亡した。1748年に始められた発掘によって高度なローマ文化が多数発見された。多彩な壁画は様式によって4段階に分類されている。

《ヴェッティ家の食堂壁画》
（ポンペイ第4様式壁画）
70〜79年　ポンペイ（イタリア）

わりを告げたことをも意味している。

　こうしてローマ帝国は、地中海全域とヨーロッパ大陸のすべてを覆う、かつてない規模の大国となった。そして、かつてギリシャがオリエントに学んだように、彼らもまた文化的先進地域だったギリシャに学ぶ。ギリシャ神話をローマ神話の中に採り込み、その過程でクィリヌスのようなローマ独自の神は姿を消した。そしてギリシャ美術が規範とされ、大量のギリシャ彫像のコピーが造られた。オリジナルの彫像はほとんどブロンズ（青銅）製だったため、腐食や武器への転用などによってその後失われた。代わりにローマ時代に大理石で造られたコピーのほうが残り、往時の姿を今に伝えている。

ANCIENT LIFE IN ART

美術で見る古代の生活

現代の暮らしにつながる発明や娯楽を生んだ古代人の知恵とは？

学問や技術の発展とともに育まれた美術

共同体生活の始まり、すなわち文明の黎明期の人々は、どのような日々を送っていたのだろう。

農耕が始まると、知っておく必要のあることがいくつか出てくる。ひとつは水の引き方といった土木に関するものだが、ほかにも例えば天候の知識や季節の変わり目、すなわち時間の概念と計測法がある。太陽と月に基づいて人は年や月日の単位を規定し、紀元前１６３０年代に書かれたメソポタミアの粘土板には早くも水時計に関する記述がある。

共同体はその地に適した収穫物を多く手に入れ、ほかの地域の共同体

食　ポンペイの壁画で見る古代人の食生活

発掘現場で見つかるものの多くは、実は古代人が捨てたゴミである。捨てられた土器や動物の骨、果物の種などから、当時の食物を知ることができる。ポンペイ壁画も古代の食生活の貴重な証言者である。

《ユリア・フェリクスの家から発見された厨房画》
ポンペイ出土　前50～後79年　ナポリ国立考古学博物館

共和政ローマでは
男子のみが着用を許され、
身分に応じて色分け

《アウグストゥス像》
１世紀初頭　ローマ国立博物館（マッシモ宮殿）

衣　共和政ローマの男子が着た一枚布の「トーガ」

人類は体温維持のために古くから衣服をまとい始めた。おそらく最初は動物の皮をなめして切れ目を入れたもので、その後、布が主たる衣料となる。写真は、「トーガ」という半円形をした一枚布である。

と交換を始める。そうするうちに、持ち運びに便利で「価値が担保されたなにか」を用いるようになる。これが貨幣である。共同体運営のための税も貨幣で集められるようになるが、同時に貧富の差も広がり始め、身分や階層が形成されていった。

食糧事情が悪く、衛生観念も薬などもない古代にあっては、乳幼児死亡率は非常に高かった。時代や地域によっても異なるが、おおよそ3人から5人にひとりの子が生後間もなく亡くなっている。女性は一生で5人から8人ほどの子を産んだが、ちょっとした病や怪我も死に直結するため、1世紀頃のエジプトでの平均寿命は30歳に満たなかった。

人々は共同体の中で自らの役割を見つけ、あるいは与えられ、職業ができていった。紀元前2000年紀に古バビロニアで記された写本には、官職や職種が200以上も挙げられている。その中には、書記や法律家のほか、工芸の職人や歌手などもあり、芸術の歴史の長さがわかる。

書 紙が発明される以前に多用されていた手紙の原型

古代で手紙の役割を果たした道具が塗蝋板である。薄く塗った蝋を鉄筆で引っ掻いて文字を書くものだ。鉄筆（スティルス）で線を引くとおのずと個性が表れるため、様式（スタイル）の語源となった。

《塗蝋板と鉄筆》
エジプト出土　1世紀　ルーヴル美術館、パリ

かつての総面積は
11万平方メートル!
1600人を収容できた

《カラカラ帝の大浴場》
217年完成（帝政期）
ローマ

浴場 ローマ市民を癒した浴場は当時最大の娯楽だった

領土の拡大と属州の増加につれて、ローマにもたらされる食糧や富は増大し、正規市民の余暇時間が増えていく。闘技場などと並んで浴場はローマ市民最大の娯楽となり、運動場や図書館を備えて巨大化していった。

Chapter

2

中世

キリスト教の至福千年

THE MILLENIUM

《サント・シャペル教会のステンドグラス》〔83頁〕
13世紀半ば
サント・シャペル教会、パリ

THE MILLENIUM

西洋文化の基盤を形成したキリスト教の時代

「中世」とは、理想視された古代ギリシャ・ローマ時代と、それが復活して隆盛を迎えたルネサンス時代に挟まれた、停滞した退屈な時代として、かつてネガティヴな意味で付けられた呼び名である。あくまでも後世から見たとらえ方であり、高度な古代社会がゲルマン民族によって破壊され、暗黒の時代が数世紀も続いたとする考え方は、近代ヨーロッパで長く支配的だった。

　実際に、ローマ帝国はゲルマン民族によって滅ぼされ、ヨーロッパはゴート族やフランク族らゲルマン系諸民族による分裂状態に入る。彼らは独自の言語と神話体系を持っていたが、ほどなくすべてキリスト教化する。こうして始まった「キリスト教化されたゲルマン系諸民族国家の時代」こそ、「中世」の同義語である。

　それら国家群はそれぞれ王を頂点にいただくが、内部は大地主である領主たちによる連合体であり、一種の契約によって王と結ばれていた。戦時には騎士として馳せ参じる義務を持つ彼ら領主たちによって貴族階級が形成され、大多数の庶民は領主に貸し与えられた土地に生きる農民だった。この構造を封建制度と呼び、中世社会を特徴づけている。

　フランスの美術史家アンリ・フォションに『至福千年』なる高名な書がある。キリスト教終末論でいう千年帝国に由来する題名だが、直接的にはすべてにおいてキリスト教によって支配された中世を指す。題名のとおり、中世はキリスト教文化の華の時代には違いない。本章では、西洋文化の方向を決定づけた約千年間にわたる中世を見ていこう。

Chronology of Medieval Times

キリスト教の浸透とヨーロッパ世界の形成

9BC → 1431AD

前9
- ローマ軍、ゲルマン人に敗れる
（トイトブルクの戦い）

前6頃
- ローマ、パレスチナ一帯に
ユダヤ属州を設置
- イエスが生まれる

キリスト教の誕生〔54頁〕

1AD

30頃
- イエス、磔刑に処せられる

43
- ローマ、ブリテン島を征服し、
属州ブリタニアを設置

64
- ネロ帝によるキリスト教徒迫害

キリスト教の弾圧〔58頁〕

79
- ヴェスヴィオ火山が噴火し、
ポンペイ消滅

96
- ローマで五賢帝時代始まる

五賢帝時代―パックス・ロマーナ〔56頁〕

116
- トラヤヌス帝、メソポタミアに遠征。
ローマ帝国領が最大版図となる

135
- ハドリアヌス帝、
ユダヤ民族をエルサレムから追放

ユダヤの迫害〔90頁〕

162
- マルコマンニ戦争（〜180）

212
- カラカラ帝のアントニヌス勅令により、
帝国内の全自由民に
ローマ市民権を付与

313 • キリスト教公認（ミラノ勅令）

325 • ニカイア公会議

宗教会議と教義の整備〔64頁〕

330 • コンスタンティノープル遷都

376 • 西ゴート族、ローマ帝国内に侵入。
ゲルマン人の大移動始まる

ゲルマン人の侵入〔60頁〕

381 • 第1コンスタンティノポリス公会議

392 • テオドシウス帝、キリスト教を国教化

395 • ローマ帝国、東西に分裂

ビザンティン帝国の成立〔62頁〕

410 • 西ゴート族、ローマを占領し、略奪

451 • フン族のアッティラ大王、
ガリアに侵入し、カタラウヌムの戦いで敗北

476 • 西ゴート族のオドアケル、
西ローマ帝国を滅ぼす

481 • クローヴィス即位、
メロヴィング朝フランク王国おこる（〜751）

ゲルマン諸民族国家の成立〔66頁〕

500AD

497 • 東ゴート族、イタリアに王国建設

610頃 • イスラム教の成立

イスラム教の誕生〔68頁〕

732 • フランク王国、イスラム軍を撃退
（トゥール・ポワティエ間の戦い）

751 • フランク王国でピピン3世即位（カロリング朝）

756 • イベリア半島に後ウマイヤ朝おこる（〜1031）

787頃
- ヴァイキング（デーン人）がブリテン島に侵入。
以降、ヴァイキングの進出が活発化

北方勢力の席巻〔74頁〕

800 • カール大帝（シャルルマーニュ）の戴冠

神聖ローマ帝国の成立〔70頁〕

843 • フランク王国分裂
• この頃、ロマネスク様式が登場

カトリック教会の伸張〔72頁〕

911 • ノルマン人、フランス北西部に
ノルマンディー公国を建国

962 • オットー1世即位。神聖ローマ帝国成立

987 • カロリング朝断絶、カペー朝成立（〜1328）

1000AD

1066
- ノルマンディー公ウィリアム、ヘイスティングズの戦いに勝利しイングランドを征服。ノルマン朝成立（～1154）

1077
- カノッサの屈辱

聖俗二重権力構造─カノッサの屈辱〔76頁〕

1096
- 第1回十字軍（～99）

十字軍の遠征〔78頁〕

1099
- 十字軍、エルサレム王国建設（～1291）

1154
- イングランドにプランタジネット朝成立（～1399）
- この頃、ゴシック様式が登場
- この頃、イタリア諸都市で教皇派と皇帝派の抗争始まる

巨大化する教会〔82頁〕

1204
- 第4回十字軍、コンスタンティノープル占領

十字軍の変節とフリードリヒ2世の改革〔80頁〕

1206
- チンギス・ハーン、モンゴル統一

1209
- フランチェスコ修道会成立
- イノケンティウス3世、南仏の異端派弾圧のためアルビジョワ十字軍を派遣

揺れるキリスト教世界〔94頁〕

1215
- ドミニコ修道会成立

二大修道会〔84頁〕
教会による文化の独占〔86頁〕

1241
- モンゴル軍、ドイツ・ポーランド連合軍を破る（ワールシュタットの戦い）
- 神聖ローマ帝国でハンザ同盟成立

1303
- アナーニ事件

1309
- 教皇のアヴィニョン捕囚（～77）

アヴィニョン捕囚と教会大分裂〔92頁〕

1337
- 百年戦争（～1453）

百年戦争〔96頁〕

1347
- ペストの大流行

1378
- 教会大分裂（～1417）

1414
- コンスタンツ公会議でウィクリフとフスを異端認定

1429
- フランス軍がイギリス軍によるオルレアン包囲を解く

1431
- ジャンヌ・ダルク処刑

聖地エルサレムの奪還を目指す十字軍の遠征路

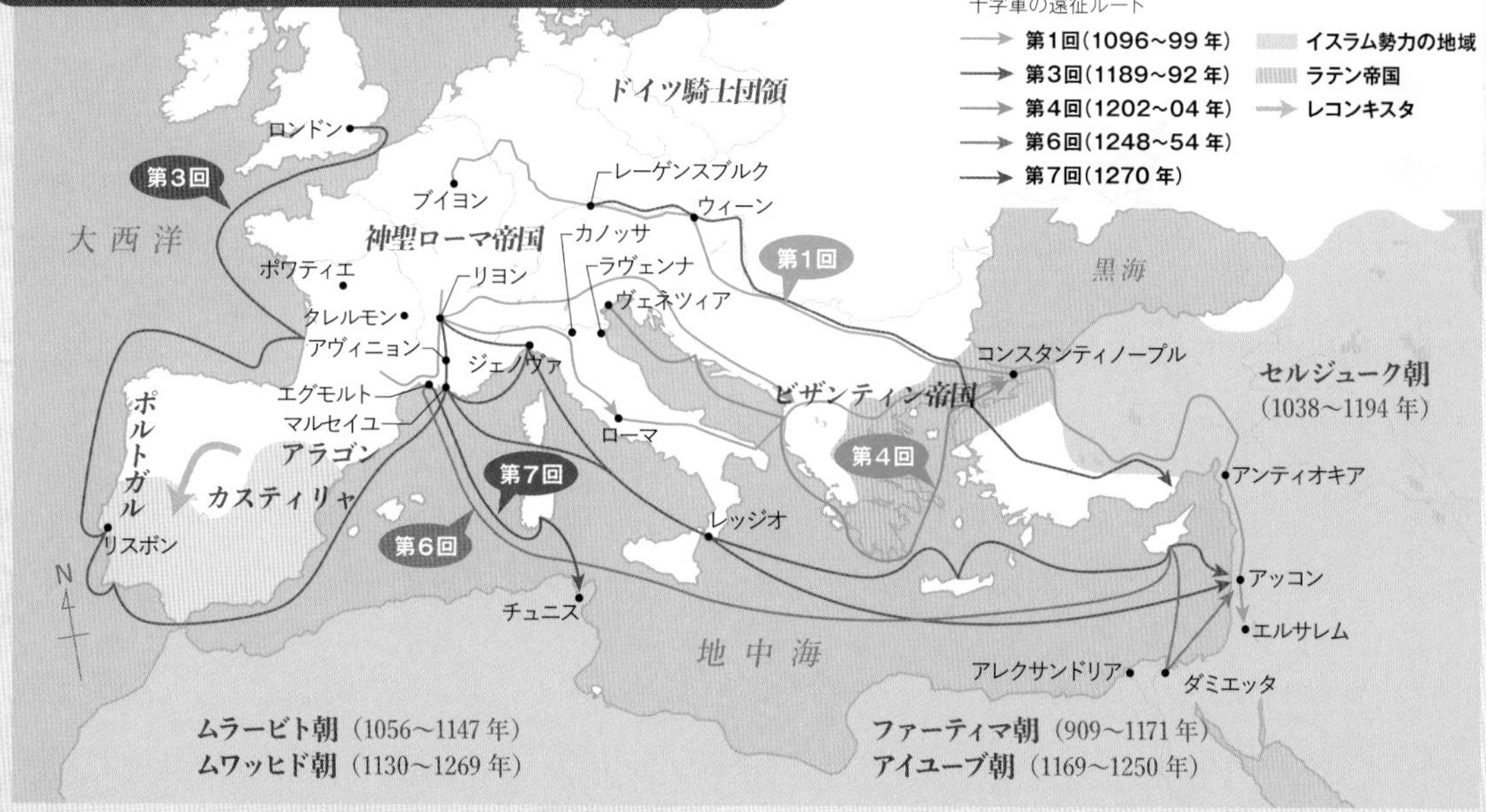

ユダヤの刑吏に捕まる前の最後の食事で、イエスは自らの肉と血としてパンとワインを弟子たちに与える。これが世界中で毎日曜日に行われるミサで、全信者がパンを聖体（ホスティア）として拝領する起源である。

《最後の晩餐》
6世紀　サンタポリナーレ・ヌオーヴォ聖堂、ラヴェンナ（イタリア）

1 キリスト教の誕生

イエスの登場と教義の広まり

ローマ帝国は地中海全域を支配下に収め、各地域に属州を設置した。紀元6年にローマはユダヤ属州を置くが、総督を派遣し監督するものの、ユダヤ人の傀儡《かいらい》政権になかば自治領的に統治させていた。

キリスト教を創始したイエスは、おそらく紀元前6〜前4年頃にガリラヤ地方で生まれたと推測される。当時の属州総督はピラトゥス、ユダヤ領主はヘロデ・アンティパスである。それまでユダヤ民族はユダヤ教のラビたち（導師・律法学者）を指導層に戴いていたが、イエスはトーラー（律法）に書かれていない口伝律法を否定し、激しく異を唱えた。これが体制批判、律法主義の否定ととられ、またローマにとっては属州統治を乱す政治犯とみなされて、30〜33年頃処刑された。

キリストの教えを伝える初期の図像

旧約聖書には神の姿を象って拝んではならぬとの戒律（偶像崇拝の禁止）がある。そのため初期キリスト教では「イエス・キリスト、主の子、救世主」の頭文字イクトゥスと同じ綴りの魚をシンボルとして代用するなどした。

《キリストのシンボル》
5世紀　パンと魚の奇跡の教会、タブハ（イスラエル）

偶像崇拝禁止の時代、「魚」でキリストを象徴

最も古いとされるキリストの磔刑図

イエスはゴルゴタの丘で2人の罪人とともに処刑されたとされる。これが、史上最も多く芸術作品に描かれた処刑場面となった。写真はその図像の最古の作例である（中央がキリスト）。

《キリストの磔刑》（木製扉・部分）
430〜432年　サンタ・サビーナ教会、ローマ

信徒の石棺を聖書の諸場面の浮彫で装飾

キリスト信徒であるバッススの石棺は2層のレリーフを持ち、それぞれ旧約と新約の諸場面を表す。写真はキリストが使徒ペテロに巻物を与え、パウロが祝福する「トラディティオ・レーギス」の場面。

《ユニウス・バッススの石棺》より〈トラディティオ・レーギス〉場面のレリーフ
359年　サン・ピエトロ大聖堂聖具室、ヴァチカン

しかし処刑後もイエスの教えは追随者たちによって伝えられていく。ユダヤ社会内部ではイエスの弟ヤコブによって教団が維持されたが、イエスの直接の弟子ではないパウロによって非ユダヤ人への布教が開始される。ユダヤ民族のアイデンティティともいえる割礼《かつれい》を強制しないなどのパウロのやり方には批判もあったが、今日キリスト教が最多の信者数を誇る世界宗教となったのは、パウロの功績によるところが大きい。

異教徒を改宗させるにあたって、「いったん死んであらたにキリスト教徒として生まれ変わる」ことの疑似行為である洗礼を重視し、イエスの言行録を神とのあらたな契約として新約と呼び、それまでの聖典を旧約として区別した。ユダヤ教との最大の違いは、イエスを預言者にとどまらずキリスト（救世主）としてみなすかどうかにある。こうしてユダヤ教とキリスト教は母と子の関係にあるといえるが、その後両者が激しく対立する歴史が長く続く。

イベント好きのローマ人を
熱狂させた闘技場

コロッセオ（コロセウム）はティトゥス帝時代の80年頃に完成した。高さ49メートル、約5万人収容の大建築で、剣闘士試合などが催された。中世になると放置され、教会建設のための大理石採掘場となった。

《コロッセオ》 80年頃完成　ローマ

2 五賢帝時代 ―パックス・ロマーナ

民衆も恩恵を享受したローマ帝国の最盛期

ローマ帝国は領土内に道路を張り巡らし、中継地点に駅を設けて迅速な連絡網を整備、軍を効率的に運用して拡張を続けていく。上下水道などのインフラを完備する中核都市では人口が増大し、インスラと呼ばれる高層建築が発達した。

　ローマ帝国は1世紀末に最盛期を迎える。元老院との対立構造を解消したネルヴァ帝に始まるこの時代は後世「五賢帝時代」と呼ばれるようになる。続くトラヤヌス帝の時にメソポタミア地域を加えた帝国は、アフリカ大陸北岸からスコットランド南境に至る最大版図となった。

　後継者ハドリアヌス帝は拡張方針を転換し、領土内を何度も巡察して安定を図った。ローマ市民には小麦が配給され、競馬場や闘技場でのイベントが連日催された。市民たちは

ローマに今も遺る皇帝たちの軌跡

かつて各皇帝が造らせた騎馬像のうち、五賢帝最後の皇帝像だけが破壊を免れたのは、キリスト教を公認したコンスタンティヌス大帝像と間違われていたことによる。以前は馬の右前脚で征服した異民族兵を踏んでいた。

《マルクス・アウレリウス帝騎馬像》
161〜180年　カピトリーニ美術館、ローマ

五賢帝時代の
最期を飾った
哲人皇帝

ダキア戦争の
一部始終を
螺旋状に記録

高さ約40メートルの大理石柱の周囲には、皇帝の功績が物語のように連続してレリーフとして彫られている。設計者とされるダマスカスのアポロドーロスは、軍事技師や著述家でもある万能人として知られている。

《トラヤヌスの記念柱》
113年　ローマ

カラカラ帝は殺害した
弟に関する記述を抹消

フォロ・ロマーノに遺る凱旋門のひとつで、対パルティアの戦勝を記念して造られた。セプティミウス・セウェルス帝を継いだ息子のカラカラ帝は弟ゲタを暗殺し、この凱旋門にあったゲタ関連の記述をすべて削除した。

《セプティミウス・セウェルスの凱旋門》
203年　フォロ・ロマーノ（ローマ）

「パンとサーカス」と呼ばれる懐柔策の恩恵にあずかった。

　アントニヌス・ピウス帝から五賢帝最後のマルクス・アウレリウス帝に至るまで、五賢帝は世襲ではなく、右腕となっていた人物を養子に迎えて後継者とする禅譲によって継がれていった。この習慣はマルクス・アウレリウス帝が子コンモドゥスに継がせたことで終わりを告げる。『自省録』を著した哲人皇帝として名高いマルクス・アウレリウス帝だが、その治世下でゲルマン民族の侵入が始まっており、また銀の枯渇による猛烈なインフレによって経済はあえぎ始めていた。実際に、トラヤヌス帝たちが天然の防壁として理想的なドナウ川を越えて、現在のルーマニアにあたるダキア地方の死守にこだわったのは、そこに金山があったからこそであり、同様にブリテン島も錫や銅など豊富な鉱物資源に恵まれていた。パックス・ロマーナ（ローマの平和）はそうした属州の産出品によって支えられていた。

3

キリスト教の弾圧

ローマ南郊外に、カタコンベ（地下墓所）が集まる地域がある。与えられた土地は限られているため、地下に横穴を掘って埋葬していった。こうして数十キロの長さに及ぶカタコンベが各地に造られた。

カタコンベは土葬のための地下墓所として始まった

《サン・カッリストのカタコンベ》　ローマ

一神教の脅威を感じた皇帝による迫害と追放

イエスが処刑された後、彼の弟子たちやパウロによってユダヤ人コミュニティの外での布教が始まった。イエスの一番弟子である使徒ペテロがローマに来ていることからも、その拡がりの速さがわかる。

キリスト教も、その登場時は当然ながら新興宗教に過ぎない。誤解が多いのだが、キリスト教徒と多神教のローマ信徒との間に、当初はさほど深刻な対立はなかった。ただ、最後の審判での肉体の復活を信じるキリスト教徒は遺体を土葬に処すため、火葬にしていたローマ信徒の目には奇異に映り、また衛生上の観点からも郊外に墓地を造るよう指示された。それが各地に残るカタコンベ（地下墓所）であり、迫害時代の地下都市などではない。

当時のヨーロッパには無宗教の

美術が物語るキリスト教徒迫害の歴史

メノラーは
現イスラエルの
国章にも見られる

ティトゥス帝の功績を称えるために造られた凱旋門は、同種の凱旋門様式の祖となった。そこには、ユダヤ戦争に勝利し、重要な祭具である燭台(メノラー)を帝国軍が戦利品として運び去る場面が彫られている。

《ティトゥス帝の凱旋門》より
〈戦利品としてローマへ運ばれるメノラー〉のレリーフ
82年　ローマ

《牛を倒すミトラ神のレリーフ》
3世紀末　ディオクレティアヌス帝の浴場、ローマ

ミトラ教 ——もうひとつの一神教

太陽神ミトラを崇拝するミトラ教は、ペルシャに起源を持つ一神教である。女人禁制で主にローマ兵の間で人気が高く、もしキリスト教がなければ世界宗教になっていたといわれる。帝国の衰退とともに消滅した。

石打ち刑で命を落とした
最初の殉教者

聖ステファヌス(ステパノ)は、キリスト禁教時代に信徒となって布教したかどで処刑された。石打ちは本来弱者に対して用いられる集団執行刑である。最初の殉教者とされ、絵画では石を頭に載せた姿で描かれる。

《聖ステファヌスの殉教》
アダム・エルスハイマー　1603〜04年頃
スコットランド国立美術館、エディンバラ

者などいない。信者を増やすことは、すなわち布教によってそれまでの多神教の信仰を捨てさせることを意味する。特に帝国のお膝元のローマでは、それは多神教文化圏への一神教の侵入としてだけでなく、国家体制を揺るがしかねない挑戦として映った。ただひとつの神以外の崇拝対象を認めない一神教の原理に従えば、一種の現人神であるローマ皇帝の否定につながるからだ。そのため、帝国はユダヤ教に対する圧迫も強め、ハドリアヌス帝時代に起きた反乱の鎮圧をきっかけにエルサレムからユダヤ人を追放して、その後1800年近く続く離散状態（ディアスポラ）（41頁）に追いやった。

こうして帝国内でのキリスト教徒の迫害が始まった。とりわけ、64年のローマの大火のような災害時には、スケープゴートとして多くの者が捕らえられた。初期の布教段階で、キリスト教徒はかなりの犠牲者を出した。殉教者となった彼らはすべて教会から聖人として列聖されている。

ケルト神話が彫り刻まれた
銀細工の大釜

デンマークの湿地帯で出土した銀製カルドロン（鍋）は、直径約70センチメートルで約9キロの重さがある。本作品は葬礼用具であり、内側の側板にはケルト神話の諸場面が彫られたレリーフ装飾がある。

《グンデストルップの大釜》
前150年頃～後1世紀
デンマーク国立博物館、コペンハーゲン

4 ゲルマン人の侵入

諸民族の勢力に押され ローマ帝国は衰退へ

ローマの平和を謳歌していたかに見える五賢帝時代（56頁）だが、その末期にはすでにローマの衰退へとつながる足音が近づいてきていた。その要因のひとつはキリスト教信徒の増加であり、もはや無視できない一大勢力となっていた。さらに諸従属地域が抱えていた不満があり、マルクス・アウレリウス帝が実子コンモドゥスに帝位を継がせて以降、帝国内では反乱が相次いだ。コンモドゥスの暗殺後の数カ月間に皇帝を名乗る人物が4人も現れるなど、混乱はその度合いを増した。

そして帝国衰退の主要因となるのが、北方からのゲルマン系諸民族の侵入である。古くからヨーロッパに住んでいたケルト人（ガリア人などケルト系言語を用いる民族の総称）がローマの拡大とともに辺縁に移動

ブリテン島の北部で花開いたケルト美術

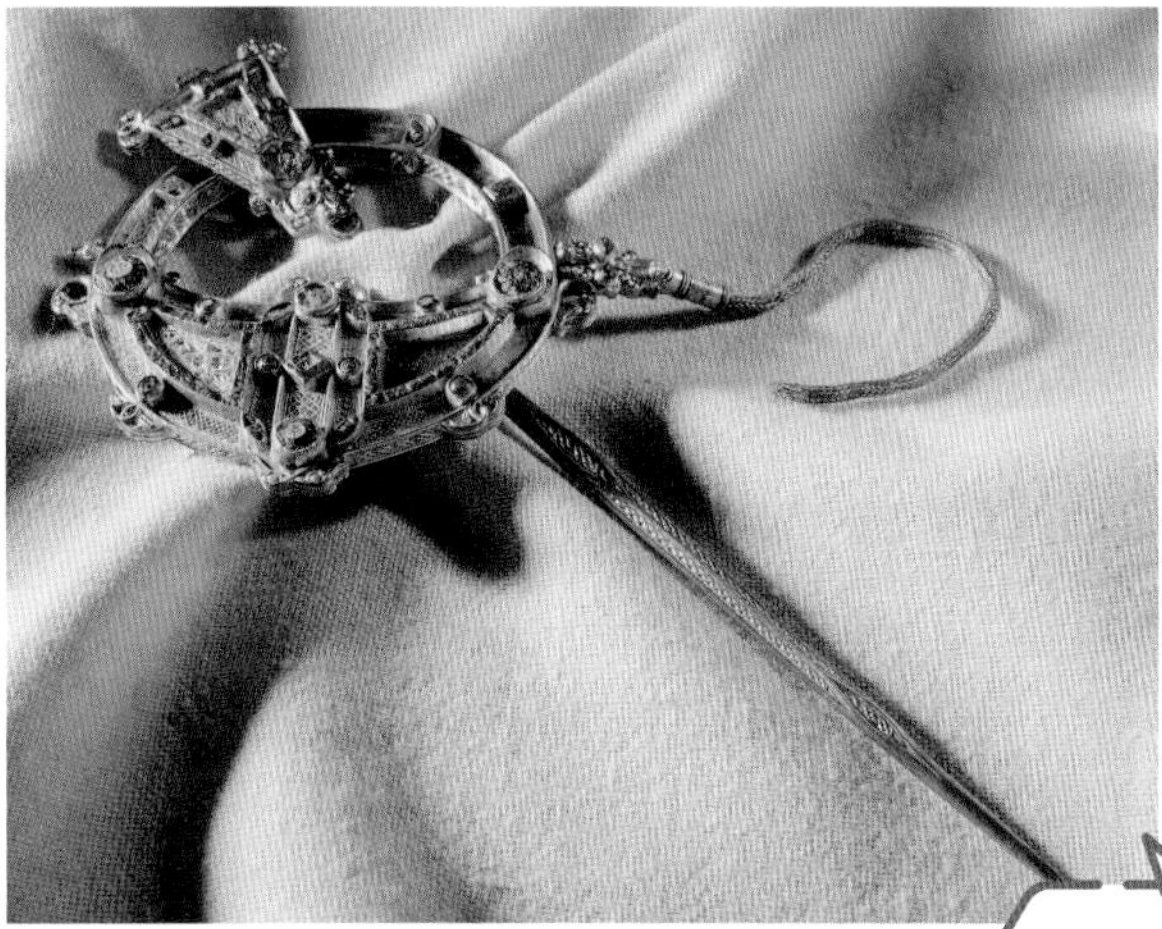

ケルト独特の美意識と
高度な技術の結晶

金鍍金《めっき》された銀や数種の半貴石からなるこのブローチの名は、発見地とされていた(実際には異なる)アイルランドのタラにちなんでいる。直径約9センチメートルのブローチの全面に、渦巻き装飾などが施されている。

《タラ・ブローチ》　8世紀　アイルランド国立博物館、ダブリン

キリスト教と
ケルト文化
融合の証

《ミュレダッハの十字架》
920年頃　モナスターボイス修道院
(アイルランド)

ラテン十字と円環の組み合わせはケルト古来の図形だが、キリスト教化後はケルト系キリスト教の代表的なシンボルとなった。本作品は5.5メートルの高さがある「ハイクロス(高十字架)」の代表例で、聖書の諸場面が彫られている。

ローマ帝国は豊富な鉱物資源の確保のためにブリテン島を属州地としたが、北方に追いやられたケルト人の侵入に悩み、ハドリアヌス帝時代に東西海岸をつなぐ約118キロメートルにわたる長城を築いた。

《ハドリアヌスの長城》
2世紀　イギリス北部

あるいは混血していったように、ゲルマン人（スカンディナヴィア半島ほかでゲルマン系言語を話していたいくつかの部族の総称）もまた、早くから西進と南進を始めていた。

　マルクス・アウレリウスが帝位に就いた翌162年、ゲルマン系マルコマンニ族がゲルマニア属州へ侵入する。この戦争は180年まで続き、帝は陣中で没した。

　侵入が顕著になるのは、東方から移住してきたフン族に押されるかたちで、ゲルマン系の西ゴート族がローマ帝国境を越えて侵入した376年からのことである。フン族は中央アジア起源の非ゲルマン系民族で、ハンガリーにその名を残している。

　ゲルマンにも独自の神話体系があったのだが、西ゴート族が侵入後ほどなくアリウス派キリスト教を受け容れたように、ほかのゲルマン諸部族も早くからキリスト教化していった。はじめは帝国にとって兵士の供給源ともなったが、部族ごとに帝国内で徐々に地盤を築いていった。

ユスティニアヌス帝が旧西ローマ帝国領を一部奪還した後、拠点としたラヴェンナには、今も豪華な黄金モザイクで装飾された多くの聖堂が遺る。サン・ヴィターレ聖堂には皇帝と妃テオドラの姿も描かれている。

《サン・ヴィターレ聖堂内部のモザイク装飾》
547年頃　ラヴェンナ（イタリア）

5 ビザンティン帝国の成立

ローマ帝国の分裂とキリスト教化

ローマの大浴場遺跡（49頁）にその名を残すカラカラ帝は、212年、帝国の全自由民にローマ市民権を与える命を発する。正規市民の相続税の増収を狙ったこの政策は、帝国の財政状態が困窮を極めていたことと同時に、あまりにも広大な版図をラテン人だけで支配するシステムがもはや維持できなくなっていたことを意味する。

　こうした状況を打開するために、ディオクレティアヌス帝は正帝と副帝を2人ずつ置く統治体制を敷く。この体制は彼の死後、帝国の四分割につながり、以後の東西分裂を決定づけた。彼はまたキリスト教徒に対して最大規模の迫害を行ったことでも知られているが、300年頃のキリスト教徒は帝国住民の約1割に達していた。

東西の多彩な様式を汲んだビザンティン美術

慈しみの表情を浮かべた
聖母（エレウーサ）のイコン

ビザンティン文化圏では、個人礼拝用の「イコン」と呼ばれる板絵形式の聖像が盛んに制作された。偶像崇拝禁止の建前上、画家は基準作を写すのみで署名も行わない。本作品はエレウーサ型と呼ばれるタイプ。

《ウラディーミルの聖母子》
1100年頃　トレチャコフ美術館、モスクワ

手に王笏《おうしゃく》と宝珠を持ち
マントを羽織っていた
という説も

《コンスタンティヌス大帝像頭部（コロッサス）》
315年頃
カピトリーニ美術館、ローマ

大帝はフォロ・ロマーノに大規模な行政館を建てさせ、その一角に高さ10メートルほどにもなる巨大な皇帝坐像を置いた（各皇帝が造らせたこの種の像では最大規模）。現在は頭部と足や手などの断片が遺っている。

ビザンティン帝国の
中心に鎮座する
大聖堂として創建

東方キリスト教会（ギリシャ正教）の総本山として、4世紀に建設が始められた。現在に至る基本構造はユスティニアヌス帝時代のもので、ビザンティン滅亡後はメフメト2世によってモスクとして用いられた。

《アヤソフィア（ハギア・ソフィア）大聖堂》
350年頃創建／537年再建　イスタンブール

そして313年、西方正帝コンスタンティヌス1世が、東方正帝とともにミラノでキリスト教を公認したとされる。これはほかの宗教と同列に扱うもので、後にテオドシウス帝によってキリスト教は帝国の国教となる（＝ほかの宗教を排除）。

　コンスタンティヌスは一時的に帝国を再統一し、首都をコンスタンティノポリス（ビザンティウム・現イスタンブール）に定めた。

　テオドシウス帝の死後、ローマは再び東西に分裂する（395年）。そして続く世紀に西ローマ帝国が滅亡した後も、東ローマ（ビザンティン）帝国は皇帝権と教会（ギリシャ正教）の政教が一体化した強固な権力構造の下、千年間にわたって命脈を保ち続けることになる。

　ビザンティン帝国は3世紀に登場したササン朝ペルシャと国境を接するため度々苦しめられることになるが、6世紀にはユスティニアヌス帝の下で最盛期を迎え、その版図はイタリアから北アフリカに及んだ。

この絵画は最後の晩餐場面を描いたルネサンス時代のものだが、画面中央の聖杯の上に掲げられたパン（ホスティア）が聖体に聖変化するとされた聖餐式の教義の視覚的な説明となっている。

《最後の晩餐》 ディルク・バウツ 1464〜68年 M-ルーヴェン美術館（ベルギー）

6 宗教会議と教義の整備

聖三位一体説と聖餐式の確立

「わが神、なぜわたしをお見捨てになったのですか（＊）」――。新約聖書に記された十字架上のイエスのこの言葉などを受けて、イエスを神とは異なる、地上に遣わされた存在とみなす考えは特に初期に多く見られた。中でもアリウスなる司祭の名をとってアリウス主義と呼ばれる一派は隠然たる勢力を築いていた。そのほかにもさまざまな立場をとる諸派が乱立する中、コンスタンティヌス大帝は教義の統一をはかるための会議を招集した。３２５年にニカイアで開催されたこの会議ではアリウス派が排除され、アタナシウス派の主張する聖三《せいさん》位《み》一体《いったい》説が正統教義として採択された。これは神とキリスト、聖霊を同じものの別位格とする考えだが、7世紀頃までアリウス派に帰依したランゴバルド族

＊ 新約聖書『マルコによる福音書』15章34節（新共同訳）

難解な教義を絵画でわかりやすく

よりリアルな表現に進化した「聖三位一体」

《聖三位一体》(部分)
マザッチョ　1427年頃　サンタ・マリア・ノヴェッラ教会、フィレンツェ

ルネサンス期のフィレンツェで描かれた聖三位一体図像。奥に父なる神、手前に十字架上の子キリストがいて、両者の中間に聖霊の象徴である鳩が描かれている。左右にマリアと福音書記者ヨハネ、両端に寄進者がいる。

《浸礼(全身洗礼)槽》6世紀
アクィレイア大聖堂付属洗礼堂(イタリア)

今日の一般的な洗礼は頭部から水をかけて浄める方式だが、かつては「異教徒としての死とキリスト信徒としての再生」の儀式として、巨大な槽に全身を沈めるものだった。この方式は今日でも一部に採用されている。

父と子と聖霊の関係性を教える初期の図像

難解な教義を説明するために美術が果たした役割は大きい。ここでは下部に神の3つの位格(父と子と聖霊)を三角形の頂点とする「三位一体の盾」が、上部にそれを受けて3つの顔を持つ頭部が描かれている。

《聖三位一体の初期図像》
ユルギス・バルトルシャイティス『幻想の中世』(第2版、1987年)より
16世紀

がいたように、教義に関する論争はその後も続き、ニカイア以降も公会議（宗教会議）が幾度か招集された。381年の第一コンスタンティノポリス公会議では聖三位一体説の教義が定義され、また431年のエフェソス公会議ではネストリウス派が異端として排斥された。同派はキリストの位格を神格と人格に分けて考える思想であり、排斥後はペルシャ帝国ほかで存続し、中国では景教（大秦景教）として受容された。

地域によって多くの異説がある神話と異なり、キリスト教の教義は公会議によって討論され、正統と異端とに分けられていった。

聖餐《せいさん》式（いわゆるミサ）では、パンとワインがキリストの肉と血に聖変化すると定められ、また入信時の洗礼式の役割が重視された。これは、初期キリスト教の布教した相手が異教徒だったため、浸礼槽に全身を沈められて異教徒としていったん死んだ後、生まれ変わってキリスト信徒となるための象徴的な儀式となった。

ローマの円形建築に倣った東ゴート王の霊廟

ローマの伝統を引き継ぐ円形の霊廟（マウソレウム）。生前に造らせたこの霊廟に、テオドリック王は526年に埋葬された（後に取り除かれた）。洪水で埋没していた地下の遺構が、20世紀になって発見された。

《テオドリック廟》
520年　ラヴェンナ（イタリア）

7 ゲルマン諸民族国家の成立

色褪せないガラスモザイクは光を反射して荘厳な雰囲気を演出

テオドシウス帝の娘ガラ・プラキディアは西ゴート族の捕虜となり、アラリック王の弟アタウルフの妻となる。夫の死後ローマ将軍と再婚したが、その夫も失うなど波乱の生涯を送った。小さな廟堂は繊細なモザイク画で覆われている。

《ガラ・プラキディア廟》
5世紀　ラヴェンナ（イタリア）

２００年続いた西ローマ帝国の滅亡

ローマ帝国滅亡の兆《きざ》しは、実質的な最後の統一皇帝で、かつキリスト教を国教に定めたテオドシウス帝の死（３９５年）の直後に再び顕在化した。彼は長男に東半分、次男に西半分を託し、帝国は再び東西に分裂した。各地でのゲルマン民族との戦闘に疲弊していた帝国は、すでにテオドシウス帝時代に西ゴート族に帝国内への移住を許可していた。非課税の同盟者待遇での移住であり、対ゲルマン民族政策の転換なしには帝国が立ち行かない状態にあったことがよくわかる。

西ゴート族のアラリックは４１０年にローマを占領し、西フランスに王国を建設した。ゲルマン系の傭兵が帝国軍の主力になって久しく、４５１年にフン族を撃退したローマ軍も実際には西ゴート軍である。帝

キリスト教化するゲルマン諸民族

キリストの磔刑に
使われた釘（聖釘）が
原材料と伝わる王冠

「ロンバルディア（ランゴバルドのイタリア語読み）の鉄王冠」とも呼ばれるこの王冠は、ヨーロッパ最古の王冠のひとつとして、長らくイタリア王のシンボルだった。ナポレオンも戴冠式にこれを用いている。

《ランゴバルド王国の王冠》
4〜5世紀頃
モンツァ大聖堂（イタリア）

クローヴィスが浸礼槽に身を沈め、洗礼を受ける場面。右隣に洗礼を施す聖レミ、左端に王を改宗させた妃クロティルドの姿がある。王の改宗は、ゲルマン系国家群のキリスト教化を象徴する出来事だった。

《クローヴィスの洗礼の象牙浮彫》
9世紀　ピカルディー美術館、アミアン

浸礼槽（65頁）を用いた
当時の洗礼式の
様子がよくわかる

国は軍をイベリア半島に派遣し、ヴァンダル族を圧迫して追い出すが、移動したヴァンダル族によって重要な穀倉地帯であるアフリカ北岸がかえって奪われる結果となった。

西ローマ帝国の統治体制はほぼ崩壊し、実質的に政権を握っていた将軍オドアケルによって、476年に皇帝が廃位された。それは、長らく虫の息だった西ローマ帝国がついに滅亡した瞬間だった。

アラリックはしかし、東ゴート族に度々敗れ、497年には東ゴート族のテオドリックがイタリア半島に王国を建設する。サクソン族とアングル族、ジュート族はブリテン島に移動し、ランゴバルド族は北ヨーロッパから徐々に南下していった（6世紀に北イタリアに王国建設）。そしてガリア地方に入植したフランク族のクローヴィスはメロヴィング朝フランク王国を創始し、キリスト教に改宗する。こうして時代はゲルマン系諸民族が建設したキリスト教国家群の時代（＝中世）を迎えた。

8 イスラム教の誕生

細密で壮麗な
幾何学・植物文様は
イスラム美術の精華

16世紀末にシーア派のサファヴィー朝の都となって繁栄し、「世界の半分」と呼ばれたイスファハーンにあるイマーム・モスクの装飾。コバルト・ブルーとトルコ石を顔料とする青いタイルで埋め尽くされている。

《イマーム・モスクの中央ドーム天井モザイク》
1630年頃　イマーム・モスク、イスファハーン

ムハンマドの登場とヨーロッパ世界への拡大

610年、家業の隊商を営んでいた当時40歳前後のムハンマド・イブン＝アブドゥッラーフは、ジブリールという名の天使に会い、神の啓示を受ける奇跡を体験した。

この啓示は後に弟子たちによってクルアーン（＝読誦すべきもの、コーラン）としてまとめられる。唯一神アッラーフの名こそアラビア半島で信仰されていた多神教の最高神を受け継いだものだが、基本構造はユダヤ教とキリスト教を受け継いでいる。例えばジブリールとは大天使ガブリエルのことで、ほかにもミーカール（ミカエル）などがいる。27人の預言者には、アーダム（アダム）やヌーフ（ノア）、ムーサー（モーセ）らに加え、イーサー（イエス）まで登場する。しかし彼らは預かった教えを完全に伝えることができなかっ

偶像を表さないイスラムの美術

10世紀頃に創始された
ナスフ体による
クルアーン

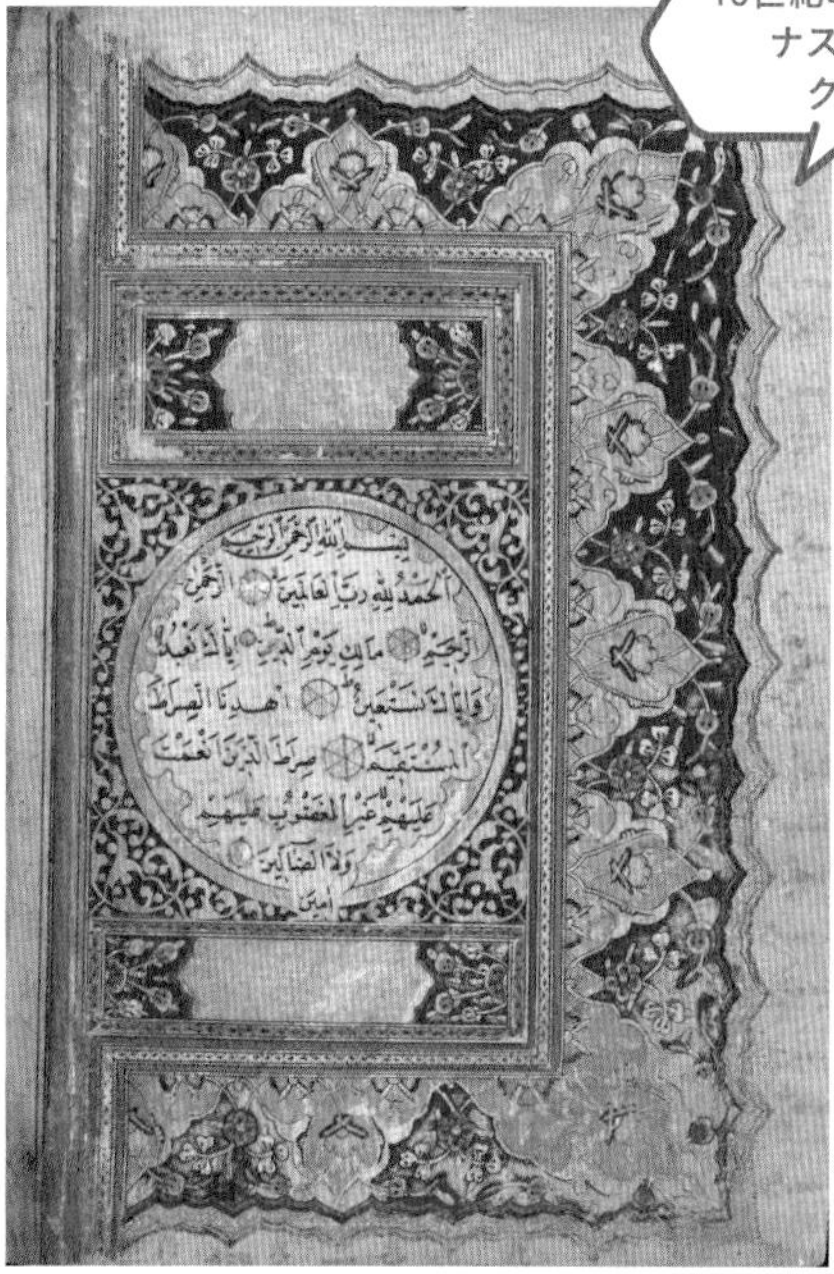

ムハンマドに授けられたクルアーンのほか、ムーサー、ダーウッド（ダヴィデ）、イーサーにそれぞれ授けられた3書を合わせて四大啓典とする。偶像崇拝の厳格な禁止のため、イスラム圏では文様装飾が発達した。

《クルアーン（コーラン）の扉絵》1282年／1865〜66頃（オスマン朝時代）　ウォルターズ美術館、ボルチモア

ムハンマドが布教を始めたメッカはイスラム教最大の聖地である。全信者が1日5度メッカに向かって礼拝し、一生に一度はメッカのカーバ神殿を参詣しなければならない。この巡礼は信仰生活のハイライトである。

《カーバ神殿》　メッカ（サウジアラビア）

多神教の
偶像が破壊され
アッラーフ信仰の
神殿に

《黒曜石を設置するムハンマド》
ラシード＝アッディーン『集史』より
1315年頃　エディンバラ大学図書館

カーバは元々アッラーフを最高神とする多神教の神殿だった。最初の神殿は、神がアーダムとハウワー（エヴァ）に命じて造らせたとされる。ご神体である黒石は黒曜石だが、長らく月の隕石と信じられていた。

たため、ムハンマドに最後の啓示が与えられたとされている。

　こうして興ったイスラム（＝アッラーフへの帰依）教は最初こそ親族中心の小さなグループに過ぎなかったが、急速に大きくなり630年にはメッカを占領するに至った。ムハンマドの死後はカリフ（後継者）をたて、遠征を繰り返して強大な国家を築いていくが、「正統カリフ時代」と呼ばれる最初の四カリフの後継を巡ってスンナ派と急進的なシーア派に分かれた（この分裂は今に至る）。

　征服地の行政組織はある程度残し、多くの異教徒には税を課すだけで信仰を許容する（アラブ人は非課税）政策のおかげもあって、ウマイヤ朝イスラムは急拡大を続けた。8世紀にはアッバース朝に取って代わられるが、その際イベリア半島まで逃げた一派が後ウマイヤ朝を始めている。征服地ではアラビア語が公用語となり、現在世界中でアラビア語数字が用いられていることでわかるように、高度な科学が発達していった。

アーヘン大聖堂の中心にある宮廷礼拝堂は、カール大帝の命で造られたもので、円筒状の外郭の中に八角形構造を持つ集中式建築である。アルプス以北で最古の教会で、完成当時は同地域で最大の教会でもあった。

《アーヘン宮廷礼拝堂内部》
805年完成
アーヘン大聖堂(ドイツ)

聖堂建築のプラン

集中式……円形・正方形・多角形のプラン(平面図)を持つ建築。洗礼堂や墓所礼拝堂などに多い。

バシリカ式……長方形のプランを持つ建築。東西に長く伸び、教会建築の基本とされる。〔72頁〕

ドーム天井は
高さ30.6メートル、
直径は14.5メートル!

9 神聖ローマ帝国の成立

カール大帝の改革と西欧の原型の形成

ゲルマン系諸民族による国家群が今日に至るヨーロッパ各国の原型となったが、その形成過程はなかなかにドロドロとしたものだ。

イベリア半島を北上してきたイスラム勢力をトゥール・ポワティエ間の戦い(732年)で押しとどめた時の司令官が、メロヴィング朝フランク王国の宰相カール・マルテルである。その子ピピン3世(小ピピン)は王国の実権を握り、王を修道院に幽閉して自ら即位し、カロリング朝を始める。彼はランゴバルド族から奪ったラヴェンナ一帯の土地を教皇に寄進するが、これが最初の教皇領となる(ピピンの寄進)。これ以降、教皇は教会の長であると同時に世俗領主でもあるという特殊な存在となる。見返りに教皇は王権を承認する(神権付与)が、これが以後習慣化し

西欧世界の覇権を握った神聖ローマ帝国皇帝

オットー1世と彼の最初の妻エドギダの肖像彫刻と伝えられる石像。妻はイングランドのエドワード(長兄王)の娘で(英語読みでイーディス)、教会への寄進を積極的に行った。なお息子は後に反乱を起こしている。

《オットー1世と帝妃エドギダの像》
1250年頃
マクデブルク大聖堂(ドイツ)

814年にカール大帝が亡くなると、遺体はアーヘン大聖堂に安置された。金や貴石をふんだんに用いたこの豪華な胸部像は14世紀後半の作と思われ、胸部には大帝の頭蓋骨が納められている。

《カール大帝(シャルルマーニュ)の黄金の胸像》 1349年頃
アーヘン大聖堂聖具室(ドイツ)

縦18.5cm、幅10.6cmの象牙板に彫られたレリーフには、中央にキリストがおり、両側に立つオットー2世(向かって左)と帝妃テオファノの頭に手を置いて祝福している。オットー2世はオットー1世の子。

《オットー2世と帝妃テオファノの象牙板》
982〜983年　国立クリュニー中世美術館、パリ

て諸王の権力の根拠となる。

ピピンの子カール（シャルルマーニュ）は自ら軍を率いて積極的な拡張政策を進め、ローマ帝国滅亡後としては最大の領土を獲得する。教皇レオ3世は彼に西ローマ皇帝の称号を与えた。これにビザンティン皇帝は露骨に不快感を示したが、教会と強く結びついた新たな皇帝として、彼を後の神聖ローマ帝国の実質的な初代皇帝とみなすことも多い。

カール大帝は税制改革などを行い、またラテン語を公用語に定めて諸学芸を奨励し、いわゆるカロリング・ルネサンスを演出した。

843年、大帝の3人の孫たちによって帝国は再び分割されるが、これが今日のフランス（西フランク）とドイツ（東フランク）、イタリアの原型となった。その後の度重なる混乱で帝位は形骸化するが、混乱を収めて教皇を助けた東フランクのオットー1世が、962年にローマで戴冠して帝位を復活させ、後に続く神聖ローマ帝国の初代皇帝となった。

《サンタ・マリア・マッジョーレ大聖堂》　5世紀着工／1743年完成　ローマ

聖母に捧げられた
ローマ四大
バシリカ教会のひとつ

教皇ケレスティヌス1世によって建設が始められた、典型的なバシリカ様式の教会。サン・ピエトロ大聖堂などとともに、ローマの四大バシリカ教会をなす。434年の献堂後も、18世紀まで改修が繰り返された。

10 カトリック教会の伸張

キリスト教文化圏では、今日でも日曜日に一家でミサへ行く光景がよく見られる。小学校の学区を思い浮かべていただきたいが、中世ヨーロッパでは教区というブロックが最小行政単位として機能し、教区教会が統括していた。教区の上位ブロックである司教区を統括するのが司教座教会《カテドラーレ》であり、一般的にはこれを大聖堂《ドゥオーモ》と呼んでいる。

　ミサでは最後の晩餐を全信者が追体験するが、これはキリストを想いながらパンとワインを食する「アガペーの食事」と呼ばれていた初期教会の頃から、長く続けられてきた儀式である。そして教会は、単なる集会場ではなくミサをこそ執り行うための空間であり、信仰生活の中心にほかならなかった。

ロマネスク式聖堂の建築ラッシュ

　教会は初期には単純な長方形をしたバシリカ形式が主流であり、ビザンティンでは集中式（70頁）を特徴とした。そして10世紀頃から西ヨーロッパ全域で統一的な様式となるのが「ロマネスク（ローマ式の）様式」である。その名の通り、ローマ式半円アーチによるトンネル・ヴォールト（穹窿《きゅうりゅう》）構造を持つ。壁面で屋根荷重を均等に支えるため、窓が小さく内部は暗い。そのため装飾は壁画よりも柱頭彫刻が多用された。

　パンが肉になる聖変化の奇跡が執り行われるのは祭壇の上においてであり、そのため祭壇は十字架の形（ラテン十字）になる教会の頭部に位置する（内陣）。そして地下に地下聖堂《クリュプタ》を持ち、ちょうど祭壇の真下にあたる場所に、その教会が献堂された聖人の遺体を納めた棺があることが多い。

トンネル・ヴォールト構造のロマネスク式聖堂

白い大理石を
用いたロマネスク
聖堂建築の傑作！

「奇跡の広場」の名を持つこの一角には、ロマネスク様式の代表的建築が集まっている。大聖堂は1063年に、名高い斜塔は1173年に建設が始められた。しかし建設中に傾き始めて本来の半分ほどの高さ（55メートル）になった。

《ピサ大聖堂とカンポ・デイ・ミラーコリ》 11〜13世紀 ピサ（イタリア）

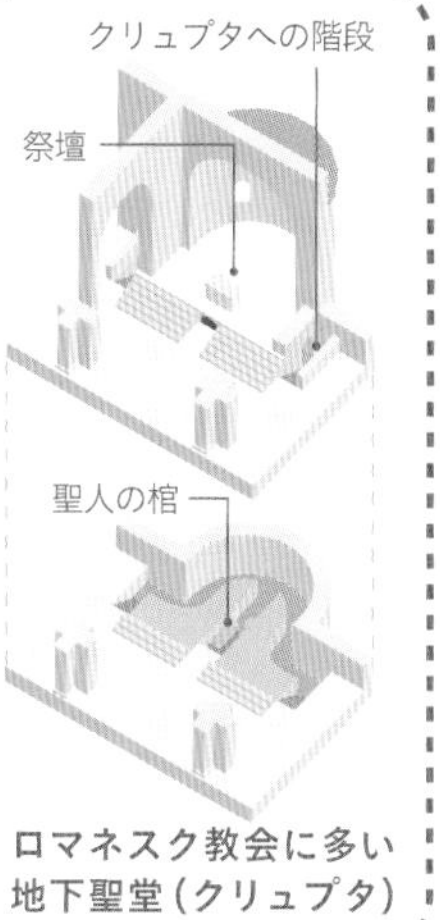

ロマネスク教会に多い
地下聖堂（クリュプタ）

ダビデが巨人ゴリアテを倒す
旧約聖書の物語を描写

内部が薄暗いロマネスク教会では、柱頭部分と入口扉上部の半円形部分（ティンパヌム）〔83頁〕が主たる浮彫り彫刻の発揮の場となった。柱頭は面積が狭いため、彫刻家によるモチーフ配置の妙が楽しめる。

マグダラのマリアの
聖遺物が伝わる大聖堂

サント＝マドレーヌとはフランス語でマグダラのマリアのこと。巡礼路の起点として重要性を有していたが、近代では荒れるにまかされ、ようやく19世紀後半に再建された。天井の半円アーチ構造がよくわかる。

《サント＝マドレーヌ
大聖堂内部》
861年創建・1138年完成
ヴェズレー（フランス）

ブリテン島北部では
ケルト装飾写本の
傑作群が生み出された

ブリテン島北東沿岸のリンディスファーン修道院は、美しい最古の古英語写本『リンディスファーンの福音書』を生んだが、793年にヴァイキングに襲撃され、破壊された。一般的に同年をヴァイキング元年とする。

《リンディスファーン修道院跡》
7世紀建立／793年にヴァイキングにより破壊　リンディスファーン島（イギリス）

11 北方勢力の席巻

次々と西欧を攻略したヴァイキングと末裔たち

イタリア半島の形はよく長靴に例えられるが、その足で蹴られたサッカーボールのような位置にシチリア島がある。ちょうど地中海のど真ん中にあるので、古来さまざまな民族がこの島にやってきた。

マグナ・グラエキア（36頁）の時代にはギリシャ系植民都市とカルタゴ系植民都市が島に同居し、ローマによる支配後にはゲルマン人やアラブ人が進出した。そのため島には今でもさまざまな文化圏の様式が混在した痕跡を見ることができる。中でも島の歴史のハイライトといえる時代を築いたのは、なんと遥か北のスカンディナヴィア半島にいたヴァイキングの血を引く民である。彼らは北フランスのノルマンディー地方から、船ではるばる海を渡ってやってきた。こうして、ノルマン王朝の最盛期を演出したロゲリウス（ルッジェーロ）2世の都パレルモには、ヨーロッパでも最先端を行く洗練された宮廷文化が花開いた。

洋の東西問わず、文明は北からの民族の侵入に苦しめられるのが常だが、北海地域にいた北方ゲルマン人であるヴァイキング諸部族も、9世紀頃から徐々に南と西へ進出を始めた。彼らは口承によるエッダの神話群やサガと呼ばれる散文文学といった独自の文化を有していた。

そのうちデンマークに拠点を築いたデーン人は、ブリテン島に侵入して11世紀にはイングランド王を兼任するに至った。また北フランスに入植したノルマン人は、フランスとイングランドの双方において大きな影響力を持ち続け、その勢力は前述したように地中海にまで達した。

異文化と融合したヴァイキングの美術

かつてカルタゴが要塞を築いていた地に建てられたノルマン王宮は、元々アラブ人の住居だったが、初代シチリア王となったノルマン人ロゲリウス2世の命によって拡張された。王室礼拝堂の内部は豪華な黄金装飾で覆われている。

《ノルマン王宮パラティーナ礼拝堂内部》
12世紀　パレルモ（シチリア島）

ビザンティンとアラブ、ノルマンの文化が融合した荘厳な礼拝堂

細部まで装飾するヴァイキングの美意識

オーク材で造られたオーセベリ船の舳先部分。複雑に絡む動物文様が精巧に彫り込まれている。

ノルマンディー公ウィリアムがイングランドに侵攻して勝利した物語を刺繍で施したタペストリー。日本の絵巻にも似た連続場面形式で、全長は70メートルにも及び、600人を超える人物群が生き生きと描写されている。

《バイユーのタペストリー》より
〈ヘイスティングズの戦い〉（部分）
11世紀末　バイユー・タペストリー美術館（フランス）

《オーセベリ船》　820年頃　ヴァイキング船博物館、オスロ

ヴァイキング諸部族は、広い底面積を持つオーセベリ船に乗って、北海沿岸を縦横無尽に駆け巡った。本作品はノース人がいたノルウェーで見つかったもので、竜骨(*)側面などに図案化された動物文様が施されている。

オールを通す穴は両側に15個ずつ、30名の漕ぎ手を収容可能

＊船底を中心に、船首から船尾まで貫く構造部材。

中央にいる神が、ローマ教皇（＝ペテロ）には教会の鍵を、もう一方の手で神聖ローマ皇帝に剣（武力）を与えることで、聖俗両界をそれぞれ治めさせている。両者の対立は聖アウグスティヌスの頃からある。

《聖俗二重権力を表す図像》
13世紀　フランス国立図書館、パリ

皇帝と教皇それぞれに
権力を授ける神

教皇全盛期に
強大な権力を振るった
イノケンティウス3世

1198年から1216年まで教皇位にあったイノケンティウス3世は、教皇が最も権勢を誇った時代を演出した。暗殺も辞さぬ権謀術数と破門を駆使して諸王を圧倒し、公会議の場で「教皇は太陽、皇帝は月」と豪語した。

《イノケンティウス3世の肖像》
1219年頃
サークロ・スペーコ修道院、
スビアーコ（イタリア）

12 聖俗二重権力構造 —カノッサの屈辱

11世紀以降に深まった 教皇と皇帝の対立

中世を通じて人々は「十分の一税」（＊）を教会に納める義務を負っていた。それは各司教区でかなりの額にのぼり、司教らは使途の決定に影響力を持っていた。長い間、こうした聖職ポストは神聖ローマ皇帝が任命していたが、1059年、ラテラノ公会議は聖職を任命する権利（聖職叙任権）は教会にしかないことを宣言する。しかし圧倒的な武力を背景に、皇帝の威光はカトリック世界をまだまだ覆っていた。

名高い「カノッサの屈辱」は、1077年に起きた。50歳を過ぎて新教皇となったグレゴリウス7世は、改革の意欲に燃えていた。彼は聖職の売買を禁止し、聖職者の妻帯を禁止した（それまで、妻子を持つ司祭は数多くいた）。さらには教皇位の優位と不可侵、そして世俗権力による

＊収穫物の10％を教会に納める税制度。

皇帝と教皇の権力が拮抗

皇帝であっても
教皇に破門されては
生きていけない時代

反省と恭順を示すため、みすぼらしいボロきれだけをまとってひざまずく皇帝ハインリッヒ4世が、玉座にいるマティルデにとりなしを求めている。皇帝の背後にいるのはクリュニー修道院長ユーグ。

《クリュニーのユーグ、ハインリッヒ4世、
トスカーナ辺境伯マティルデ》
ドニゾーネ『カノッサのマティルデの生涯』より
12世紀　ヴァチカン図書館

厳冬の中、皇帝が
教皇に赦しを乞うた
「カノッサの屈辱」の舞台

かつて「トスカーナの辺境」とされていたカノッサは、今は小高い丘の上にかつての威容を偲ばせる城跡を残すのみである。城跡の背後には、小さな資料館があり、周辺には似たような城跡が多くある。

《カノッサ城跡》
10世紀　カノッサ(イタリア)

一切の聖職任免の禁止を公布し、聖職叙任権闘争の火ぶたを切って落とす。これに対し神聖ローマ皇帝ハインリッヒ4世は独自に宗教会議を開催し、教皇の廃位を宣言した。

　そこで教皇は伝家の宝刀を抜く。皇帝を破門したのである。破門は、当時のキリスト教世界では社会的な死に等しい。高位聖職者たちは教皇に恭順を示し、皇帝と主従契約で結ばれている領主たちは、1年以内に皇帝の破門が解かれない場合には皇帝を退位させると決めてしまう。

　窮地に陥った皇帝に、期限があと1カ月まで迫って来る——。トスカーナ辺境伯の女領主マティルデのカノッサ城にいる教皇に赦《ゆる》しを乞うため、皇帝は雪が舞う中、剣も外套もなしで丘のふもとに裸足で立った。

　その姿にうたれたマティルデのとりなしもあって、破門は解かれた。その8年後に教皇は敗北して世を去る結果となる。教皇と皇帝という2つの権力が存在することによる混乱は、その後も長く続く。

元は西ゴート王国の城砦だったが、レコンキスタによりナスル朝のみがイベリア半島に残って以降、その宮殿として発展した。偶像崇拝禁止による文様のみの繊細な装飾は西欧の建築の中で異彩を放っている。

《アルハンブラ宮殿　獅子の中庭》
9世紀～14世紀
グラナダ(スペイン)

13 十字軍の遠征

キリスト教とイスラム教、異なる文明圏の衝突

11世紀末に始まって15世紀まで断続的に続いた十字軍は、巨大な文明圏同士による未曽有の激しい衝突である。そして両者の対立が、今日に至っても根強く残っていることは周知の通りである。

ともにユダヤ教を母としながら、そしてクルアーンにはイエスさえ預言者のひとりとして登場していながらも、キリスト教とイスラム教は相容れない関係にある。ムハンマドは神アッラーフに子などいるはずがなく、畏れ多い考えだとして「父なる神と子キリスト」というキリスト教の呼び方を激しく批判している。そしてどちらもエルサレムを聖地としている関係上、両者がぶつかり合うのは宿命的だったといえる。

8世紀にイベリア半島のほぼ全域を勢力下に収めたイスラム勢に対し、

イベリア半島をめぐる異教徒間の戦い

《トゥール・ポワティエ間の戦い》『フランス大年代記』より
13〜15世紀　フランス国立図書館、パリ

怒涛の勢いのイスラム軍、
フランク軍に敗北

イベリア半島を征服したイスラム勢力は、勢いに乗ってピレネー山脈を越えたが、732年、トゥール・ポワティエ間の戦いでカール・マルテル率いるフランクとランゴバルドの連合軍に敗北した。

十字軍は、宗教的情熱に裏付けられた正義の行使と信じられていたため残酷さが目立つ。この挿図は、イスラムの都市を包囲中の十字軍が、敵の士気を削ぐために首を砲弾がわりに撃ち込んでいる場面である。

《ニカイアを包囲するフランク軍》
『ギョーム・ド・ティール（ティール大司教）による年代記』より
1180年頃　大英図書館、ロンドン

両文化圏の衝突はその後も続いた。1570年にはオスマン・トルコの軍がヴェネツィア勢力下のキプロス島を占領。これに対し、翌1571年、ヴェネツィアやスペインなどの連合軍がオスマンの海軍を破った。

《レパントの海戦》
（ドンファン像台座のブロンズ製レリーフ）
メッシーナ（イタリア）

16世紀には
レパントの海戦で
オスマン帝国軍に勝利

再征服運動《レコンキスタ》が始められ、13世紀前半にはグラナダを都とするナスル朝を残して半島はほぼ回復された。

一方、エルサレム奪回の動きは、1095年、セルジューク朝の圧力に苦しむビザンティンの要請を受けた教皇ウルバヌス2世による、公会議での十字軍の布告で具体化された。

軍の準備が整う前に、熱狂した民衆と下級騎士がわれ先にとセルジューク朝領に突入したが、統制を欠くこの民衆十字軍はほとんどが戦死する惨劇で幕を閉じた。

そして1096年の末、諸侯の軍勢がコンスタンティノープルに集結し、東進してイスラム勢力の都市を落としつつ聖地へと向かった。この遠征は同時に、騎士階級にとって略奪と領土獲得のための戦いでもあった。1099年にはついにエルサレムを征服し、目的は一時的に達成された。エルサレム王国などいくつかのキリスト教国家が建設され、またテンプルやヨハネなどいくつかの宗教騎士団が設立された。

ヴェネツィアの信仰の中心であるサン・マルコ大聖堂の正面を飾るヘレニズム期の4頭の馬は、第4回十字軍でコンスタンティノープルから持ち帰られた戦利品。十字軍の変節をよく示す歴史の証人である。

《サン・マルコ大聖堂の馬》
前3〜前2世紀頃
サン・マルコ大聖堂付属美術館、
ヴェネツィア

14

十字軍の変節とフリードリヒ2世の改革

度重なる遠征が西欧にもたらしたもの

1187年、稀代の英雄サラディン（サラーフ・アッディーン／ユースフ・イブン・アイユーブ）の指揮により、イスラム勢力がエルサレムを奪回する。ヨーロッパでは三度《みたび》十字軍が組織され、フランス王フィリップ2世（尊厳王《オーギュスト》）、イングランド王リチャード1世（獅子心王《ライオンハート》）、神聖ローマ皇帝フリードリヒ1世（赤髭王《バルバロッサ》）が揃う華々しい陣容となった。しかし彼らは互いに反目しあい、聖地奪回は叶わなかった。

1202年には第4回十字軍が組織されたが、すでに王たちの姿はなく、実質的にヴェネツィアが主導する軍は、あろうことか同じキリスト教圏のコンスタンティノープルを襲って大規模な略奪を行った。この事件は、聖地奪回という大義を十字軍がもはや失ったことを意味する。

東西交流の
架け橋となった十字軍

フリードリヒ2世は
イスラムの文化にも
理解を示した

《カステル・デル・モンテ》
13世紀　アンドリア（イタリア）

南イタリアの丘の上に建てられたこの城は、均整のとれた正八角形のプランを持つ。軍事的・地理的重要性はあまりないため、狩猟や天文学など、フリードリヒ2世の個人的趣味を反映したものと考えられている。

「聖墳墓」（キリストの墓）
とも呼ばれた
テンプル騎士団の支部

テンプル騎士団は、第1回十字軍で奪還した聖地と巡礼者の保護を目的として1119年に設立され、ソロモンの神殿（テンプル）遺構を本部とした。修道会かつ軍隊で、欧州内部と聖地間での送金業を営む初期金融業も行った。

《ラ・ヴェーラ・クルス（真の十字架）教会》
13世紀　セゴビア（スペイン）

十字軍遠征の失敗は
テンプル騎士団の
責任に

失敗に終わった十字軍の責任を取らされる形で解散したテンプル騎士団は、長年の金融業と免税措置により莫大な資産があると考えられていたが、見つからなかった。そのため隠し財宝伝説が生まれた。

《テンプル騎士団長
ジャック・ド・モレーの火刑》
『サン・ドニのフランス年代記』より
1380年以降　大英図書館、ロンドン

十字軍の歴史で、フリードリヒ（フェデリーコ）2世の存在は特異な輝きを放っている。イタリアに生まれたこのシチリア王は、神聖ローマ皇帝を兼ねるのとひきかえに、十字軍の派遣を約束した。しかし、なかなか重い腰をあげず、教皇に破門されてしまう。彼は第6回十字軍を起こすが、軍事衝突によらず、交渉だけでなんとエルサレムの無血奪還に成功する。10年間の期限付きではあったが、アイユーブ朝のスルタンであるアル＝カーミル（サラディンの甥）とお互いの学識の高さを認め合ったことも遠因と思われる。事実、フリードリヒは学問や芸術を振興し、近代的な宮廷の在り方を示した。

十字軍という文明圏の衝突はその後も何度か繰り返されたが、長期的な視野で見れば結局は失敗に終わった。聖地と巡礼者守護のために設立されたテンプル騎士団も、14世紀には異端審問にかけられて消滅した。しかし十字軍こそが東西間交流により次なる時代への扉を開いたのだ。

15 巨大化する教会

規模と豪華さを競った ゴシック式聖堂

いくつかの教区を束ねる司教区はほぼ大きな一都市に相当し、司教がいる司教座教会《カテドラーレ》（通常はこれを大聖堂《ドゥオーモ》と呼ぶ）はその都市のシンボルとしてスケールと豪華さを競った。中世の教会は建築のみならずあらゆる文化の頂点に位置し、彫刻や絵画、音楽などはすべて教会のためのものとして従属的な立場にあった。

教会の巨大化をもたらしたものは技術革新であり、中でもヴォールト（穹窿《きゅうりゅう》）構造を、ロマネスク様式のトンネル・ヴォールト（72頁）から交差ヴォールトへ移行させたことが大きい。半円アーチを90度に交差させるため、下からは身廊部天井にはX字が並んだように見える。アーチも半円を斜め45度から見る形になるため、先が尖った尖頭アーチになる。これは半円アーチよりも上部からの荷重に耐えやすく（卵を横と縦から握る違いを想像されたい）、それだけ高さを確保でき、柱間も離しやすい。また交差ヴォールトは四隅の柱に荷重を集めることができるため、壁面の荷重負担が減り、広い面積にガラス窓を用いることができた。

12世紀半ばに登場したこの新様式は、こうして「広く、高く、明るい」機能を獲得し、それぞれ信者の増加と、天へ近づくという信仰上の効果、そして壁画とステンドグラスの多用につながった。また荷重を逃がすためのフライング・バットレス（飛梁《とびはり》）などの導入により、例えばミラノ大聖堂身廊部の天井高は45メートルに達した。

これを「ゴシック様式」と呼ぶが、これは後世から見て「野蛮な」という意味で「ゴート人（ゲルマン人）の」と呼ばれたことによる。

ロマネスク

トンネル・ヴォールト

半円筒のヴォールト構造では側壁に荷重が均一にかかるため、壁が分厚くなり、窓が小さくなる。

ゴシック

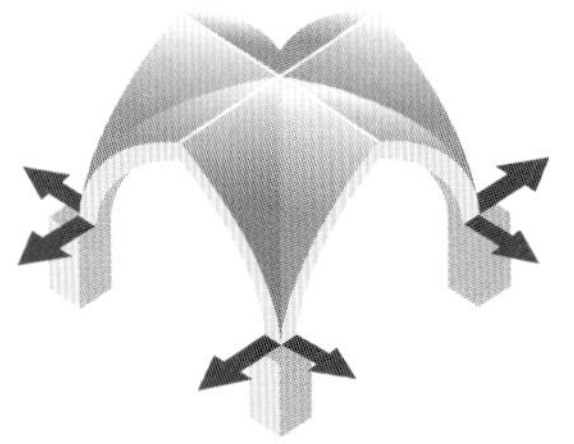

尖頭アーチと交差ヴォールト

半円アーチが交差してできた四方の尖頭アーチにより柱に荷重を集中させ、大きな窓を設置できる。

技術の飛躍が生んだゴシック式聖堂

壁面への荷重を減らす 交差ヴォールトと尖頭アーチ

「フランダースの犬」のラストシーンで日本人にはお馴染みの、ルーベンスの祭壇画がある教会。身廊部天井はゴシック様式の典型例で、X字が並ぶ交差ヴォールトと尖頭アーチの形状を視認しやすい。

《アントウェルペン聖母大聖堂》
14〜16世紀　アントウェルペン(ベルギー)

大聖堂正面を飾る ティンパヌム（タンパン）

フランスを代表するゴシック教会。ほかと同様、十字架(ラテン十字)状のプランを持ち、全長は110メートルを超える。扉口上方の半円部分であるティンパヌムは、中世を通じて最重要のレリーフ展開面として機能した。

《シャルトル大聖堂》のファサード・中央扉口ティンパヌムより〈荘厳のキリストと四福音書記者のシンボル〉
12〜13世紀　シャルトル(フランス)

教会内部を光で満たす ステンドグラス

思わず息をのむほどの多彩な光に包まれるこの空間は、パリのシテ島にあるサント・シャペル教会の壁一面を覆うステンドグラスの効果によるものだ。色ガラスによりマリア伝やイエス伝などの諸場面が展開される。

《サント・シャペル教会》　13世紀半ば　パリ

壁面への負荷を分散する フライング・バットレス

パリの信仰生活の中心であるノートルダム大聖堂(中央尖頭は2019年の火災で焼失)は、外側から眺めると、上部構造の荷重を水平方向に逃がしていくためのフライング・バットレス(飛梁)構造がよくわかる。

《ノートルダム大聖堂》(背面)　13世紀にほぼ完成　パリ

16

二大修道会

清貧の精神を重んじた フランチェスコ会とドミニコ会

たったひとりで活動を始めた聖フランチェスコが1226年に亡くなった時、会は数万の修道士を抱える規模となっていた。すぐに生地アッシジで聖堂建設が始められ、ジョットやチマブーエら大画家が一堂に会した。

《サン・フランチェスコ大聖堂・上堂内部》1228〜80年　アッシジ(イタリア)

中世の社会で重要な地位を占めていたもののひとつが修道会である。修道士とは元々初期キリスト教時代にエジプトで人里離れて瞑想生活を送っていた隠者をモデルとして、俗世から離れて信仰生活を送るようになった人々を指す。彼らが共同生活を行う場を修道院、そしてその組織を修道会と呼び、カトリック教会では、教会内の自治組織として教皇の認可の下、活動する。そのうち最古のものは聖ベネディクト会で、聖ベネディクトゥスによって529年にイタリア中部のモンテ・カッシーノで活動が始められた。同会に属するクリュニー修道院は11世紀に絶大な力を振るい、続く12世紀には同会から分派した形のシトー修道会が力を持った。

しかし独自に広大な土地を所有し、

カリスマ修道士が美術に与えた影響

中世を代表する大画家ジョットは、アッシジやローマなど各地に招かれて作品を残した。本作品は聖フランチェスコの生涯の諸場面を描いた連作壁画の一部で、聖人がキリストと同じ場所に聖痕を受ける奇跡の場面。

《聖痕を受ける聖フランチェスコ》
ジョット・ディ・ボンドーネ
1300年頃　サン・フランチェスコ大聖堂上堂、アッシジ（イタリア）

熾天使《してんし》が
フランチェスコに聖痕を
授ける劇的瞬間

超越的な
姿からより
人間らしい姿へ

それまでキリスト磔刑像はしっかと目を見開いた超越的な姿が一般的だったが、聖フランチェスコの「イエスも我々と同じ弱い肉体を持つ」との思想を受け、本作品のようにガックリとうなだれて眠るような姿が一般化した。

《磔刑像》　ジュンタ・ピサーノ
1250年頃　サン・ドメニコ教会、ボローニャ

聖ドミニクスの
墓碑制作に
ミケランジェロも参加

スペイン生まれの聖ドミニクスは1221年にイタリアのボローニャで亡くなった。同地には遺体を祀る聖堂が建てられ、各地の彫刻家により豪華な墓碑が造られた。小像のうち3体はミケランジェロによる。

《聖ドミニクス墓碑》
ニッコロ・デッラルカ、
ニコラ・ピサーノほか
13〜18世紀
サン・ドメニコ教会、
ボローニャ

徐々に荘園領主に似た形態に変じた修道会に対する批判は強く、私有財産の一切を放棄し喜捨のみで生きる托鉢《たくはつ》修道会が12世紀後半に相次いで登場した。中でも、アッシジの聖フランチェスコによるフランチェスコ（フランシスコ）会と、聖ドミニクスによるドミニコ会は、瞬く間に支持を広げ、多くの修道院を傘下に収める二大修道会として、その後も長く君臨する存在となった。どちらも強烈な個性を持つ創始者の意思に従い、聖フランチェスコ会では清貧と禁欲を会則として、聖フランチェスコ自ら実践し、あまつさえ十字軍のさなか海を渡って、イスラム勢力のスルタンを改宗させようとさえ試みた。一方、ドミニコ会は清貧とともに神学研究に力を入れた。そのため同修道会は『神学大全』で知られるトマス・アクィナスをはじめ多くの学者を育て、カトリック教会の理論面を一手に担った。その反面、異端審問と魔女狩りにおいても主導的な役割を果たしている。

17 教会による文化の独占

隔絶された世界で隆盛する中世美術

自治運営をほぼ認められていた修道院は、農耕を行って自給するところも多く、それがやがて大土地所有につながり、小作農を雇って地代を取る荘園領主となんら変わらない運営を行うところも少なくなかった。前項で扱った托鉢修道会が私有財産を放棄したのもこうした状況への反動である。修道院はワイン等酒類の製造もほぼ独占状態にあり、同様に女子修道院では薬草などを専門的に扱っていた。

修道院の隔絶された内部世界では、独特の文化が育っていった。特に、中世を通じて、学問は修道院にほぼ独占された状態にあった。騎士階級や公証人など一部の職種を除いて、ほぼすべての一般大衆が読み書きで

中世装飾写本の最高峰とされるアイルランドの国宝

「世界で最も美しい本」とされる本書は、聖コルンバを創設者とするアイルランドおよびイングランド各地にある複数の修道院が制作したとされる。図は第34紙葉で、「XP」(キリストのモノグラム)を表す。

《『ケルズの書』カーペット・ページ》
800年頃
ダブリン大学トリニティ・カレッジ図書館(アイルランド)

中世の想像力と幻想的な造形

きない状況の中、公用語のラテン語を解する修道院の内部でのみ神学を中心とする研究がなされていた。

活字による印刷技術は登場しておらず、時祷書《じとうしょ》などの書物は写字生《しゃじせい》によって書き写され、修道院は唯一の出版工房として機能した。今日的な紙はまだ中国から伝来しておらず、羊や牛の皮革を原料とする羊皮紙などが用いられた。それらに卵と顔料を混ぜたテンペラで彩色し、金箔などによる装飾を施した装飾写本は、中世美術が至ったひとつの極を示している。

文化的ヒエラルキーの頂点にあった教会では、壁面にレリーフやフレスコ画による聖書説話場面が施され、まるで古代の人像柱のようなやや硬直化した聖人らの彫像が並べられた。ゴシック教会内部の音の反響を利用したグレゴリオ聖歌などの賛美歌が多く作られ、巨大な楽譜を揃って見ながら歌うための書見台と聖歌隊席が造られた。

黙示録の幻想的な世界観を活写

《太陽を身にまとう女》
『ベアトゥス黙示録註解書』より
1091〜1109年　大英図書館、ロンドン

新約聖書の末尾を飾る『ヨハネの黙示録』は幻視を綴った幻想的な書だ。本作品は修道士ベアトゥスが書いた黙示録註解書をもとに各地の修道院で制作されたものの一例で、画家の豊かな想像力が発揮されている。

中世の世界観を映し出す「マッパ・ムンディ」

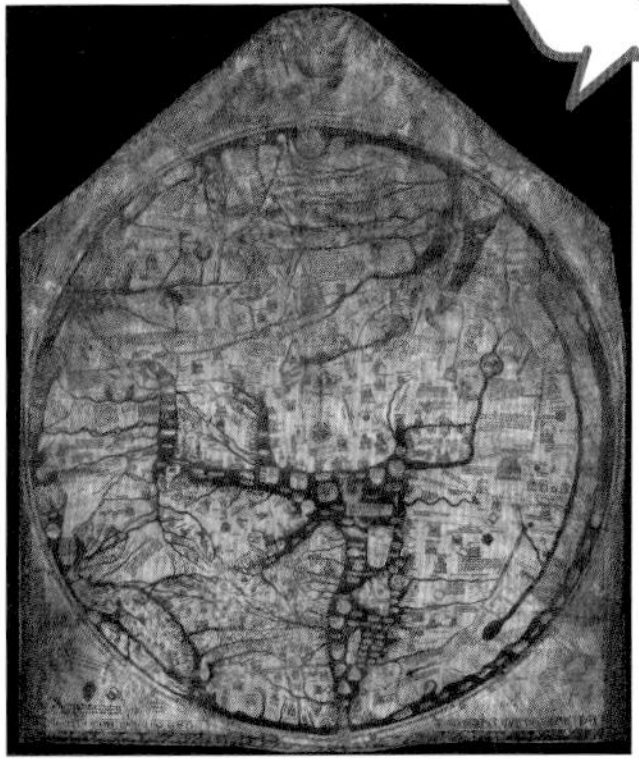

中世にいくつか作られたマッパ・ムンディ(世界図)は、当時の人々の世界観と知識を映し出している。本作品は現存中最大のもの。東を上に、エルサレムを中心に据え、紅海(右上)や中国などが記されている。

《ヘレフォードの世界図》
1300年頃
ヘレフォード大聖堂
(イギリス)

偶像崇拝禁止の建前上、神の姿を描いてもそれは「聖なる器」であって聖像そのものではないとする。創作ではないため写字生に個性の発揮は求められておらず、本作のように写字生の姿が描かれるのは珍しい。

《写字生エドウィン》
『エドウィン詩篇』より
12世紀半ば　ケンブリッジ大学トリニティ・カレッジ図書館、ケンブリッジ

左上から始まる9コマ連作で、漫画の原型といえる。ある男が賭けに負けた腹いせに聖母像に馬糞を投げつけ、ただちに裁判にかけられて絞首刑に処された実話を描いたもの。宗教倫理の厳しさがよくわかる。
《アントニオ・リナルデスキの物語》
1501年　スティッベルト美術館、フィレンツェ

文字が読めなくとも
漫画風の物語絵で理解

18 封建制度と厳しい信仰生活

中世を通して守られた領主と臣下の主従関係

中世では、国王と諸侯との間で、前者は後者の領土を保護し、後者は見返りに忠誠を示して戦時には軍役に就く約束が交わされていた。そして同様の契約は諸侯とその下の騎士階級の間でも交わされていた。こうした封建制度では、神聖ローマ皇帝でさえ、実態は有力諸侯によって選ばれているに等しく、かつてのローマの五賢帝のような強固な権力基盤を有しているわけではなかった。

王や諸侯、騎士たちは皆土地を有する領主であり、戦時には皆騎士として軍を形成する。中世の「貴族」とは彼らのことを統合的に指している。彼らは住民たる農奴に土地を貸与する代わりに、貢納と賦役の義務を負わせていた。貢納には麦や子羊といった収穫物および現金による地代の支払い、そして賦役としては道

罪を犯せば厳しい罰が待っている

犯した罪に応じた罰則が決められていた

罪を犯した時には教会で告解し、贖罪規定書に基づいて指示される禁忌を必要日数守らなければならない。違反行為には、暴飲や喧嘩、労働の忌避から恋愛沙汰まであらゆることが対象として含まれていた。

《『テオドールスの贖罪規定書』表紙》
700年頃　国立図書館、ウィーン

聖遺物を拝めば死後の魂の浄化期間が短くなると信じられた

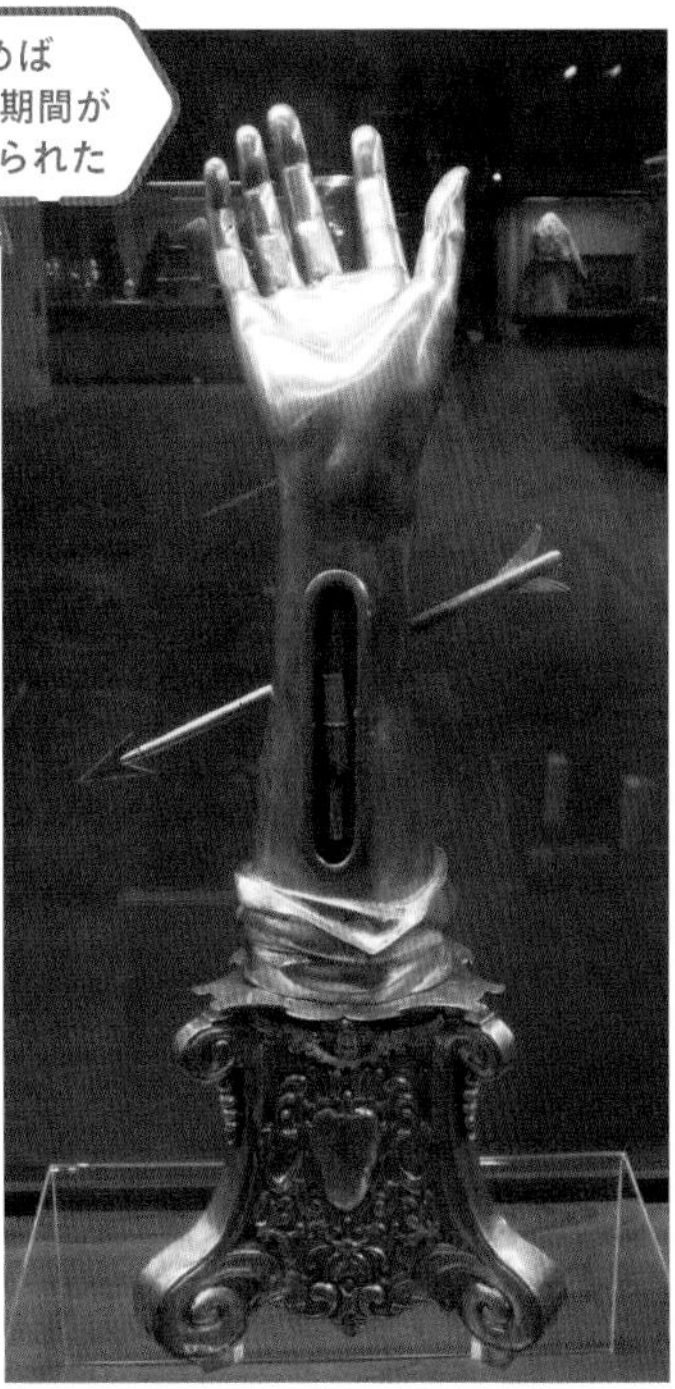

聖人の遺体や、キリストが触ったものなどは崇敬を集め、高値で取引されて豪華な容器に納められた。本作品は対ペストの守護聖人セバスティアヌス（109頁）の聖遺物で、アトリビュート（持物）の矢が付けられている。

《聖セバスティアヌスの聖遺物》　容器は1616年
サンタ・マリア・ノヴェッラ教会付属美術館、フィレンツェ

このほか容赦ない拷問器具も多数生産

違反行為に対する罰則には、見せしめとしての「さらし刑」などがあった。写真はそのための刑具の一例で、不倫などの罪を犯した男女を、それぞれ頭部と手首に枷をはめた状態で一定期間放置するためのものである。

《見せしめの刑に用いる首枷刑具》
中世犯罪博物館、ローテンブルク（ドイツ）

造りなどの労働が課せられていた。

一般庶民へのいわゆる学校教育はまだなく、家庭内で手伝いをしながら、男子は家業を、女子は家事全般を身につけた。行動はすべて教会が定めたルールに従わねばならず、それに違反するような行為を行った際には、教会で告解のうえ、指示された禁忌を指定日数守る必要があった。それらは贖罪《しょくざい》規定書に定められており、例えばパンと水だけで1週間を過ごすように、といった指示が下されていた。

いずれ神による最後の審判の日が訪れ、死者の肉体が復活すると考えられていたため、キリスト教徒は死者を土葬して遺体を保存する。そして審判によって天国と地獄と煉獄《れんごく》のどれかが行き先として告げられる。ほとんどの人は煉獄で魂の浄化にかかる時間をそれぞれ過ごしてから天国で救済されるとされていた。贖宥《しょくゆう》状《じょう》や聖遺物（聖人の遺体の一部など）の崇敬はこの浄化期間を短縮すると信じられていたため人気があった。

19 ユダヤの迫害

約1800年間続いた ユダヤ民族の離散

ゲットーは各都市に設けられたユダヤ人居住区で、たいてい門によって隔離されていた。最初のゲットーとなったジュデッカ島に大砲鋳造所(getto)があったことによる名称とされるが、由来には諸説ある。

《ジュデッカ島》 ヴェネツィア

幼児の行方不明事件の真相は謎のまま

行方不明になった3歳の少年の遺体がユダヤ人家庭の地下室から発見された、1475年の事件を描いたもの。類似作例が数点あり、対ユダヤの偏見を育てた。ユダヤの慣習である割礼を施している男性の姿がある。

《ユダヤ人に殺害されるトレントの聖シモン(シメオン)》
ハルトマン・シェーデル『シェーデルによる年代記(ニュルンベルク年代記)』挿絵
1493年 ニュルンベルク(ドイツ)

ローマ帝国への反乱の結果、135年にハドリアヌス帝によってエルサレムから追放されたユダヤ人は、シオニズム運動（イスラエルの地への回帰運動）の高まりを受けて1948年にイスラエルが建国されるまで、実に約1800年もの間、さまよい続ける（ディアスポラ）。

その間、民族としてのアイデンティティを失わなかったことに驚かされるが、それは彼らがユダヤ教の教義と戒律とを共同体の中で固く守り続けてきたからこそである。彼らはシナゴーグ（集会所）を公的に失った後も、お互いの家に集まっては信仰を確認しあった。離散状態にある彼らはこうした生活を続けながら、各地にコミュニティを作っていった。

4世紀、エルサレムの神殿跡の礎石の前に立つことの許可がおりる。

ユダヤ人への偏見は絵画にも反映

ユダヤ人への
根強い偏見を反映した
奇跡の場面

6枚連作の本作品は、ホスティア(聖餅)を質に入れたキリスト教徒の女性と、購入して食べようとしたユダヤ人一家の物語である。場面は温めたホスティア(画面中央)から血が流れ出した奇跡と、それを見た市民が騒いでいるところ。

《聖餅の奇跡》連作・第2場面
パオロ・ウッチェロ
1467〜68年　国立マルケ美術館、ウルビーノ(イタリア)

**聖変化を疑う
司祭に起きた奇跡**

司祭がミサ中に聖変化に疑念を抱いたところ、血が流れ出したとされる1263年の奇跡で、血痕が付いた聖体布(コルポラーレ)が今もオルヴィエート大聖堂にある。これも類似の奇跡がいくつか報告されている。

《聖体の奇跡(ボルセーナのミサ)壁画連作》より
〈聖体の秘跡に疑念を抱く司祭〉
ウゴリーノ・ダ・プレーテ・イラーリオとその工房
1357〜64年
オルヴィエート大聖堂
コルポラーレ礼拝堂(イタリア)

今に続く「嘆きの壁」の習慣である。

13世紀にはヴェネツィアのジュデッカ島に最初のゲットー（居住区）ができる。しかしイエスの殺害者の汚名を着せられた民族に対する偏見と迫害は根強く、美術にもさまざまな形で表されている。《シメオンの殺害》に見られる誹謗や偏見は、根が深いことにかつてキリスト教徒がローマ信徒に言われていたことと寸分たがわない。《聖餅《せいへい》の奇跡》は高利貸しとしてのユダヤ人への批判も背景にしているが、ホスティア（聖餅）を売ったキリスト教徒が絞首刑に処せられる一方、それを買ったユダヤ人質屋一家が生きたまま火刑に処せられていることからも、その理不尽なほどの不公平さは明らかだ。そしてこの主題は同時に、ホスティアがキリストの肉に変わるという聖変化の奇跡に疑念を抱く人が少なくなかったことをも露呈している。《ボルセーナのミサ》などの奇跡の逸話は、「聖変化を疑うことなかれ」というプロパガンダ主題でもあるのだ。

20

アヴィニョン捕囚と教会大分裂

絶頂の時代を経て揺らぐ教皇の権威

行政・司法・文化の中心を担った教皇の宮殿

この豪壮な城館は、アヴィニョン捕囚時代に拡張が続けられてでき上がった。この宮殿と街全体を堅牢な城塞とするために、教皇支持派のナポリ女王兼プロヴァンス女伯ジョヴァンナが全市を購入した。

《アヴィニョン教皇宮殿》 14世紀 アヴィニョン(フランス)

イノケンティウス3世の時代に頂点にあった教皇庁の権勢も、やがて衰える時がやってきた。その転換期に教皇位にあったボニファティウス8世は、「中世最後の教皇」と呼ばれている。

彼は1302年に勅書を発布し、教皇権の絶対優位性を主張した。これは教皇に従わない者は救済されないという強い内容のものだったが、逆説的に、こうした主張をあえてしなければならないほどに優位性が揺らぎ始めていたことを、はからずもこの勅書は露呈している。

ローマの旧豪族であるコロンナ家が教皇に叛《はん》旗《き》を翻し、さらにイングランド王とフランス王が教皇権の優位性を否定。なんと両国の聖職者までもがこぞって王の側についた。1303年にはフランス王の破門に怒った王の側近が教皇を監禁するアナーニ事件が起きている。

フランスと教皇庁の対立は激化し、1305年に親仏派の教皇が選出されると、新教皇はフランス領アヴィニョンに教皇庁を移してしまった。「アヴィニョン捕囚」と呼ばれるこの状態は、約70年間に及んだ。

1377年の教皇のローマ帰還後も混乱は続き、翌年にはローマとアヴィニョンに教皇が並立する事態となる。教会大分裂《シスマ》と呼ばれるこの状態は、いったん公会議での両教皇の廃位と新教皇選出により解決しかけるが、廃位が受け容れられず結果的に3教皇が鼎立《ていりつ》して事態は悪化した。

アヴィニョンに仕えた当代一の知識人ペトラルカやシエナの聖カタリナなど、多くの人が解消を訴えた。そして最終的に事態が解決されるには、神聖ローマ皇帝ジギスムントが招集したコンスタンツ公会議によって、3教皇の廃位と新教皇が選出される1417年まで待たなければならなかった。

教皇の鼎立が招いた混乱

1303年、フランス王フィリップ4世の側近であるギョーム・ド・ノガレは、王の破門宣告に怒ってアナーニで教皇を捕らえ、暴行をはたらいたあげく監禁した。救出された教皇は数週後に死亡した。

《アナーニ事件(フィリップ4世に捕らえられる教皇ボニファティウス8世)》
『ジョヴァンニ・ヴィッラーニの新年代記』より　14世紀

神聖ローマ皇帝ジギスムントが教会を再統一

約40年続いたシスマは、皇帝が招集した会議で幕を閉じた。教皇は再びローマ教皇ただひとりとなったが、王権の影響力の増大や従来の十分の一税への不満などで、その権威が大いに揺らぐ結果となった。

《コンスタンツ公会議での
神聖ローマ皇帝ジギスムント、
2番目の妻バルバラ・ツェリスカ、
娘エリーザベト・フォン・ルクセンブルク》
『コンスタンツ公会議の年代記』より
1440年頃　国立図書館、ウィーン

教皇のローマ帰還を訴えた人文学者ペトラルカ

ペトラルカはアヴィニョン教皇庁で聖務に就いた後、隠遁生活を送りながら古典文学の翻訳運動を推進し、自らも詩作して桂冠詩人の栄誉に浴した。改革者コーラ〔104頁〕のクーデターを支持するなど、ルネサンスの先駆的存在。

《ペトラルカのヴァージル》
ペトラルカ『ウェルギリウス註解書』より
シモーネ・マルティーニ　1300～26年
アンブロジアーナ図書館、ミラノ

教皇庁移転に伴ってイタリアの芸術家たちがアヴィニョンへ移住し、また宮廷同士が縁戚関係で結ばれていたため、各宮廷で共通する芸術様式が広がった。これが貴族趣味的な「国際ゴシック様式」である。

《東方三博士の礼拝》
ジェンティーレ・ダ・ファブリアーノ
1423年　ウフィツィ美術館、フィレンツェ

21 揺れるキリスト教世界

異端派信徒の増加とモンゴル帝国の来襲

中世ヨーロッパはキリスト教に覆われた時代だったが、十字軍の失敗や聖職叙任権闘争、シスマによって教会の勢いは徐々に衰えつつあった。さらに、拡張を続けるイスラム勢力に加えて、ヨーロッパは東から来たあらたな脅威に直面した。モンゴル帝国である。

　チンギス・ハーンの子で2代皇帝のオゴデイは、将軍バトゥに西方遠征を命じた。大軍はキエフ大公国などを電光石火の勢いで征服しつつ、ポーランドに侵入した。驚愕した諸国は敵を上回る数の騎士を集めて挑んだが、ワールシュタットで大敗を喫した。オゴデイの突然の死により西進は中止されたが、この敗北はヨーロッパに暗い不安の影を落とした。

　キリスト教会にとっての脅威はヨーロッパ内部にも現れた。元々古代

事件と戦争、異端審問の絶えない中世末期

歴史的事件から
風俗までを詳細に記録

『フランス大年代記』とも呼ばれる俗語版王国年代記に記されたアルビジョワ十字軍。事件の記録だけでなく、当時の庶民と貴族の服装や騎士のいでたちなどに関しても一級の史料となっている。

《カタリ派信徒を破門する教皇イノケンティウス3世と、アルビジョワ十字軍による虐殺》
『サン・ドニのフランス年代記』より　1332〜50年　大英図書館、ロンドン

教皇庁にとって
都合の悪い
知識人を抹殺

贖宥状の無効を訴えるなど教皇庁を批判した学者ヤン・フスは、コンスタンツ公会議で破門されて火刑に処せられた。同会議は先駆者ジョン・ウィクリフも異端認定して墓をあばき、遺体を焼いて灰を川に捨ててしまった。

《墓をあばかれ遺体を焼かれるジョン・ウィクリフ》
ジョン・フォクス『歴史書』より　1563年
ナショナル・ポートレート・ギャラリー、ロンドン

ポーランド王国と神聖ローマ帝国、およびテンプルやヨハネなどの騎士団による大軍は、1241年4月9日、モンゴル軍に大敗を喫した。ワールシュタットとは戦場の意で、場所は現ポーランドのレグニツァの近くである。

《モンゴル軍とのワールシュタットの戦い》
『シレジアの聖ヘドウィッヒの伝説』より
1353年　J・ポール・ゲティ美術館、ロサンゼルス

モンゴル帝国の脅威も
西欧の混乱に
追い打ちをかけた

ペルシャのゾロアスター教的善悪二元論がギリシャ哲学のフィルターを通って、物質（肉体）を悪、精神（魂）を善とする思想ができ上がった。これらグノーシス主義やマニ教的な二元論（二神論）の系譜の上に現れたのが、中世最大の異端信仰となったカタリ派とワルドー派である。特に南フランスでの活動は、地域ナショナリズムとも結びついて勢いを増した。しかし彼らの二神論は、一神教であるキリスト教と当然ながら相容れず、1184年にはワルドー派が異端認定を受けた。そして1209年、教皇イノケンティウス3世はアルビジョワ十字軍をおこす（カタリ派の拠点アルビに由来する）。それは凄惨な殺戮という結果で終わったが、その後もヨーロッパには、さまざまに形を変えてグノーシス主義的思想が繰り返し現れる。

　やはり異端認定を受けた人々の中には、イングランドのウィクリフとボヘミアのフスのように、後の宗教改革につながるような思想家もいた。

フランスの港町カレーの包囲が長期化したため、市民の代表6名がイングランド王の本陣を訪れ、交渉によって征服後の流血を回避させた。ロダンはカレー市からの依頼で、疲弊した姿の市民を彫った。

イングランド軍に対峙する
カレー市民の苦悩を表現

《カレーの市民》 オーギュスト・ロダン 1889年 ロダン美術館、パリ

22

百年戦争

領土と王権を巡るイギリスとフランスの対立

王権が確立されていくにつれ、王国同士が存続のために縁戚関係を結んだり、あるいは領土の拡張を狙っての王国間のつばぜり合いが繰り返されるようになっていく。

中世ヨーロッパの王国間対立として名高い百年戦争は、イングランドとフランスの間での領土と王位の継承問題が原因である。第3回十字軍に参加したイングランド王リチャード1世がフランス領内で亡くなると、弟のジョンが即位するが、フランスに負け続けて大陸領土のほとんどを失った。そのため彼は「失地王《しっちおう》」なる不名誉な名で呼ばれている。この王の圧政に苦しむ庶民による反乱の英雄として描かれた伝説的な存在がロビン・フッドである。

続いてフランス王シャルル4世が嫡子を残さず死去。親戚が即位する

百年戦争が生んだ英雄たち

娘がイギリスに
嫁いだことが
百年戦争の遠因に

《フィリップ4世(端麗王)石棺肖像墓碑》
1327年　サン・ドニ大聖堂(フランス)

容姿の美しさから「端麗王」と呼ばれたフランス王フィリップ4世の石棺肖像彫刻。アナーニ事件〔93頁〕の時の王で、テンプル騎士団を解散させ〔81頁〕、団長を火刑に処した人物でもある。

魔女裁判の犠牲になった
救国の英雄ジャンヌ

《火刑台のジャンヌ・ダルク》
ジュール＝ウジェーヌ・ルヌヴー　1886〜90年
パンテオン、パリ

「オルレアンの少女」は男装などを理由に異端の罪で火刑に処せられた後、15世紀には復権裁判が開催され、無実の殉教者として名誉が回復された。20世紀には列聖されて、フランスの守護聖人の仲間入りをした。

イギリスの英雄
ロビン・フッドの
伝説誕生もこの頃

吟遊詩人によって語り継がれていた伝説上の人物が、百年戦争の発端となったジョン失地王の失政と絡められて物語となった。人気を呼び、ウィリアム・コープランド社により出版された本書をはじめ、数編ある。

《『ロビン・フッドの陽気なふるまい』扉絵》
1550年
大英図書館、ロンドン

が、シャルル4世の妹である母を持つ英国王エドワード3世がフランス王位の継承権を主張。こうして１３３７年、英仏百年戦争が始まった。以降、数度の休戦期間を挟みつつ、英仏間の戦闘は１００年以上続けられ、大陸からイングランド軍が撤退した１４５３年をもって終結した。

ジャンヌ・ダルクはその終盤に登場する人物で、農家の娘ながら天からの声をきいて軍に身を投じ、イングランド軍に包囲されていたオルレアンを解放するなど「奇跡の乙女」として熱狂的な人気を呼んだ。しかしコンピエーニュ包囲戦で捕虜となり、19歳の若さで魔女として火刑に処せられたのは周知の通りである。

長期に及んだ戦争の費用を貸し付けていたのはイタリアの銀行家たちだったが、天文学的な額に膨れ上がったため英仏両王に踏み倒され、軒並み倒産した。ペストの大流行も重なってヨーロッパが混乱状態に陥る中、英仏両国では王権が強化されて絶対王政化が進んだ。

MEDIEVAL
LIFE
IN ART

美術で見る中世の生活

低い生存率、短い寿命、ペストの流行。過酷な中世の暮らしを知る。

商工業者が増える都市、農業改革が進む農村

中世のヨーロッパには、「祈る人・戦う人・耕す人」の3種類の人間がいたとよくいわれる。それぞれ聖職者・騎士階級・農民を指しているが、前二者が人口に占める割合はわずかで、8～9割がたは農民で占められていた。また、先述の3区分には入っていないが、都市化が進むにつれて都市に住む商人と職人も増加した。ただかつてのローマのような巨大都市はなく、最も大きなパリでも人口は20万人ほどで、5万人もいれば大都市といえた。農家や商店を除き、家業に携わる女性は少なく、ほとんどの女性は家事労働に一生を費やした。

食　肉やチーズを食した中世人。肉屋は郵便の仕事も務めた

小麦・ライ麦から作られるパンが主食だが、粉をひくための水車小屋は領主直轄で、使用には税が課せられた。ビールとワインが製造され、肉も多く食された。肉屋は農村と都市を移動するため郵便の役割も果たした。

《棍棒を持つ狂人》『ジャン・ド・ベリー公の小時祷書』挿絵より
ジャックマール・ド・エダン 14世紀末
フランス国立図書館、パリ

《「ヨブ記」》『シリア聖書』挿絵より
7世紀頃　フランス国立図書館、パリ

病　医学部の創設が進むも、まだまだ発展途上

12世紀にはいくつかの医学大学が誕生した。しかし細菌や衛生の知識がまだないため、出産時の感染症などによる死亡率は高かった。マラリアなどの従来の病に加え、14世紀半ばにはペストが持ち込まれた。

以下、多くの先行研究による平均値を示すが、女性たちは約5人の子を産み、そのうち成人まで生き延びるのは半数に過ぎなかった。成人の平均寿命も50歳ほどで、7歳を過ぎれば大人の世界に放り込まれて労働が始まるため、今日的な意味での子供や学校教育という概念は薄かった。女性は初潮が来れば結婚対象となったため、特に都市部で初婚年齢が低く、夫とは年齢差があった。

ほぼ全員がキリスト教徒で、新生児のうちに洗礼を受けた。娯楽は少なく、収穫時や結婚式、祝祭日の宗教行列などのほか、広場での公開処刑までが娯楽のひとつとなった。

12世紀頃からは農業の革新が進み、伝染病や冷害によって同一作物が全滅するのを避けるため、春麦と冬麦を組み合わせた三圃制《さんぽせい》が広まった。また家畜に有輪犂《ゆうりんすき》を曳《ひ》かせるなどして生産性が上がった。14世紀半ば以降はペストによって人口が大幅に減少するが、十字軍後の商業の発達は近世への移行を準備した。

農村

農作業をするのは農民でも、土地はあくまで領主のもの

人口のほとんどを占めた農村地域だが、封建制度の下、農民は土地を所有できず、収穫の約5割が領主の手にわたった。森は聖域であり、狩猟も原則的に禁じられていた（領主は狩猟地を所有していた）。

《現存する中世の農家》(樋や窓などを除く)
14世紀頃　トーイア・イン・バッケレート(イタリア)

《善政の寓意》(部分)
アンブロージョ・ロレンツェッティ
1338〜39年　プッブリコ宮殿、シエナ

都市

都市間の往来には制限があり納税も必要

都市住民は今ほど自由には都市間を往来できず、交易に従事する者などは門を通過するたびに入市税を徴収されていた。都市には見張り塔と鐘楼のほかに、裕福な家が単に権勢を誇るために建てた塔が並んでいた。

Chapter

3

近世

“再生”のルネサンス

RENAISSANCE

《春(プリマヴェーラ)》(117頁)
サンドロ・ボッティチェッリ
ウフィツィ美術館、フィレンツェ

RENAISSANCE

ルネサンス――社会の変化がもたらした古典復興

ルネサンスの名はほとんどの日本人が知っている。そしてそれが古典復興、つまり古代ギリシャとローマの文化が復活したことを指し、それを受けて人文主義《ヒューマニズム》が育ったことも、多くの人が知っている。しかし、ではなぜその時代に古代が再評価される必要があったかと問われると、途端に多くの人が答えに窮する。知ってはいるが深くは知らない歴史用語の典型なのかもしれない。

ルネサンスは再生を意味するフランス語で、最初の美術史家たるジョルジョ・ヴァザーリが用いたイタリア語の「リナシタ」を受けている。彼ら多くのルネサンス人がこの語を用いる時、それは明確に「古代に見られた人間中心の世界の見方が復活する」ことを念頭に置いている。

そのような見方が必要だった理由は、ルネサンス当時の社会構造による。十字軍を契機とした交流の増加は商業の発達を促し、都市の商人層の経済力が増す。いつの世でも経済力を持つ層が文化の中心的な担い手となる。ルネサンスでも同様で、ギルド（同業者組合）や大商人が、君主抜きで合議制により実質的に都市国家を運営し始める。こうした一種の共和政を敷くにあたり、彼らは成功した先行例に学ぼうとした。それがつまりは共和政ローマであり、ギリシャのポリス社会だったのだ。

目に見える形で残っているものがほかにあまりないので仕方がないことではあるが、ルネサンスは芸術面ばかりが有名だ。しかし忘れてならないのは、歴史は常に政治や経済の動きが先行し、後から文化がついていくという法則である。

Chronology of Early Modern Times

ルネサンスの開花と大航海時代の幕開け

1347AD → 1569AD

1400AD

1347

- ペストの大流行
- コーラ・ディ・リエンツォ、ローマで自治政府樹立

プロト・ルネサンス（104頁）
商業の発達とギルド（106頁）
ペストの大流行（108頁）

1401

- フィレンツェでサン・ジョヴァンニ洗礼堂扉のコンクール開催

金融業の革新とルネサンスの開花（110頁）

1453

- コンスタンティノープル陥落。ビザンティン帝国滅亡
- 百年戦争終結

古代文化の再流入と人文主義（112頁）
ルネサンス美術の本質（114頁）

1455

- イングランドでバラ戦争（～85）

1456

- グーテンベルク、活版印刷術を発明

1469

- ロレンツォ・デ・メディチ、フィレンツェを支配

ルネサンスの最盛期（116頁）
ルネサンスの三巨匠（118頁）
北方ルネサンス（120頁）
ヴェネツィア・ルネサンス（122頁）

1479

- アラゴンとカスティリヤが統合され、スペイン王国成立

1485

- ヘンリー7世〈英〉即位（テューダー朝成立・～1603）

1488

- バルトロメウ・ディアス、喜望峰到達

1492

- グラナダ陥落。レコンキスタ(国土回復運動)完成
- コロンブス、アメリカ大陸を発見

大航海時代とイタリアの斜陽（124頁）

1494

- シャルル8世〈仏〉、イタリアへ遠征(イタリア戦争)
- メディチ家、フィレンツェから追放。サヴォナローラの神権政治(～98)

イタリア戦争（126頁）

1498

- ヴァスコ・ダ・ガマ、インド西岸に到達

1499

- アメリゴ・ヴェスプッチ、南米探検

1500AD

1506

- サン・ピエトロ大聖堂の大改築始まる

宗教改革前夜のヨーロッパ（128頁）

1509

- ヘンリー8世〈英〉即位

1515

- フランソワ1世〈仏〉即位

1517

- ドイツでレオ10世による贖宥状配布を受けて、ルターが『九十五カ条の論題』を提示。宗教改革が始まる

ルターと宗教改革（130頁）

1519

- マゼラン、世界一周に成功
- カール5世、神聖ローマ帝国皇帝に即位

1521
- ドイツ、フランス間でイタリア戦争（〜59）
- コルテス、メキシコ征服

1524
- フランソワ1世、イタリアに侵攻するが翌年捕虜となる

1527
- カール5世、ローマに侵攻（ローマ劫掠）

1533
- ピサロ、ペルーを征服。インカ帝国滅亡
- ヘンリー8世、キャサリンと離婚し、アン・ブーリンと再婚

1534
- 首長法発布、イングランド国教会成立
- イエズス会創設

1541
- カルヴァン、スイスで宗教改革

1543
- ポルトガル人、種子島に漂着
- コペルニクス、地動説を発表

1545
- トリエント公会議（〜63）
- スペイン、ボリビアのポトシ銀山開発
- この頃から17世紀初めにかけて価格革命

ルネサンスの闇〔132頁〕

1553
- メアリ1世〈英〉が即位し、新教徒を迫害

1555
- アウクスブルク宗教平和令

1558
- エリザベス1世〈英〉即位

1559
- カトー＝カンブレジ和約が成立し、イタリア戦争終結
- エリザベス1世、統一法制定

1562
- フランスでユグノー戦争（〜98）

1568
- オランダ独立、八十年戦争（〜1648）

1569
- コジモ1世、トスカーナ大公に叙される

共和政の放棄とルネサンスの終焉〔134頁〕

ルネサンス時代のイタリア

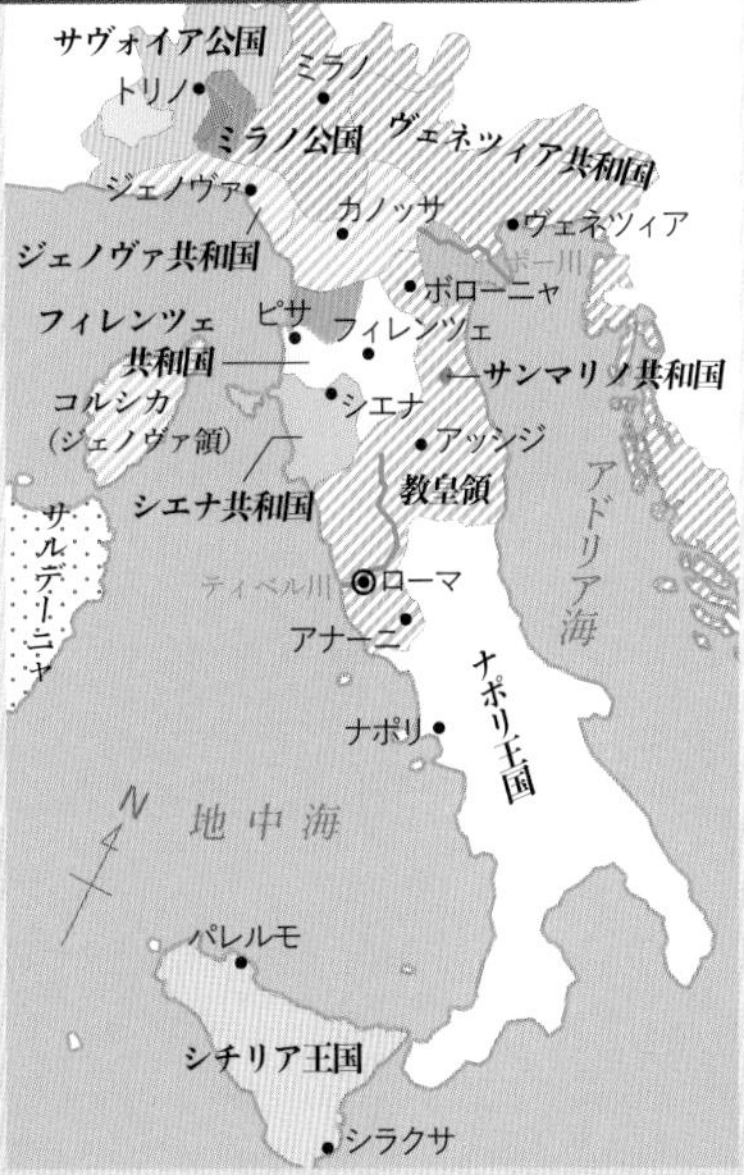

宗派対立が激しくなる16世紀半ばのヨーロッパ

1 プロト・ルネサンス

自治都市国家の成立と都市の覇権争い

今もかつての美しい街並みをそのまま残すシエナは、皇帝派コムーネの雄として、教皇派の領袖《りょうしゅう》であるお隣のフィレンツェと覇を競った。両者は金融業におけるライヴァル同士でもあった。

《シエナ市街中心部》　イタリア

シエナ大聖堂は建立時、半島一の規模を誇った。しかしほどなくフィレンツェがそれを上回るサイズの聖堂を建てたため、シエナは身廊部を翼廊とする拡張案に着手した。この計画は中断され、新ファサードの遺構が残る。

《シエナ大聖堂》
12世紀末～14世紀　シエナ（イタリア）

「自由はいまこそ諸君のもとに還ってきました（*）」――これは、古代文献の翻訳運動を通じてルネサンスへの扉を開いたペトラルカ（93頁）が、コーラ・ディ・リエンツォに宛てて送った言葉である。コーラは豪族により支配されていたローマでクーデターを起こし、1347年に自治政府を樹立した。教皇庁から怒りを買うなどして短期間で失敗に終わるが、しかしコーラが自らを護民官《トリブヌス・プレブス》と呼ばせた点は注目に値する。というのもそれは共和政ローマ時代の役職名だったからだ。つまり彼の理想は共和政の復活であり、それをもってペトラルカが自由と呼んでいることで、ルネサンスがいかなる思潮であるかがよくわかる。

経済の発展は封建制の地主の地位を下げて領主の力を弱め、自治都市《コムーネ》

＊ フランチェスコ・ペトラルカ、1347年6月の書簡（『ルネサンス書簡集』近藤恒一訳、岩波書店、1989年）

皇帝派《ギベリン》と教皇派《ゲルフ》の仁義なき戦い

教皇派のダンテは
内部抗争で
フィレンツェから追放

ダンテ・アリギエーリはフィレンツェ政治の中枢にいたが、教皇派内の抗争のあおりで追放された。追放中に三界(地獄・煉獄・天国)を巡る壮大な『神曲』を俗語(イタリア語)で発表し、ラヴェンナで没した。

《ダンテの神曲》
ドメニコ・ディ・ミケリーノ　1465年
サンタ・マリア・デル・フィオーレ大聖堂、フィレンツェ

教皇派のモンテッキ家と皇帝派のカプレーティ家が争った史実をダンテが詩に詠い、それがさまざまな作家に取り上げられ、巡り巡ってシェイクスピア作品のネタ元になった。悲恋物語部分はほぼ創作だが、ヴェローナの街にはゆかりの建物が残る。

《ジュリエッタの墓とされている石棺》
ヴェローナ(イタリア)

国家を発生させた。そこでは有力ギルド(イタリアではアルテ)の代表者たちによる合議制で運営されるようになる。都市同士は互いに覇権を競い、中世末期は戦乱の世となった。

その過程では二重権力構造を受けて、各都市は皇帝派(ギベリン)か教皇派(ゲルフ)のどちらかを旗印とした。都市国家は両方の陣営に分かれて戦い、また都市内ではそのどちらに付くかを決めるための内部抗争が繰り広げられた。詩人ダンテがフィレンツェを追放されたのも、また彼が記したヴェローナの内部抗争(これがロミオとジュリエットの物語のベースとなる)も、こうした都市内部での両派抗争が原因である。

合議制によって都市を運営するにあたって、彼らはかつての成功例に範を求めた。それが共和政ローマであり、古代ギリシャのポリス市民社会だった。彼らの法律や思想を知ろうとする運動が始まり、文学や美術の再評価へと波及していった。それがルネサンス(古典復興)である。

2

商業の発達とギルド

経済と芸術を支えた第三のパトロンの登場

彫刻の名作を集めたフィレンツェのバルジェッロ美術館に、巨匠ドナテッロによる《聖ゲオルギウス》という作品がある。これはルネサンス社会と文化の関係を見る上で非常に重要な作例である。

中世末期、繊維業で財を成したフィレンツェと、十字軍以来地中海交易の覇権を握ったヴェネツィア〔80頁〕が、イタリアにおける二大富裕都市となった。両都市のフィオリーノ（フローリン）とドゥカートは今日のドルとユーロのような基軸通貨となって金融界をリードした。

一方、ブルッヘ（ブリュージュ）やハンブルク、リューベックといったバルト海と北海沿岸都市の間で、周辺領主の支配抜きに交易を行う

各種ギルドの注文による守護聖人の像が並んだオルサンミケーレ聖堂の彫像群の一体。最有力の繊維業ギルドはいずれもギベルティ〔110頁〕に高価格のブロンズ像を注文している。大理石による本像はその下のランクの注文だった。

《聖ゲオルギウス》
ドナテッロ　1416年頃
バルジェッロ美術館、
フィレンツェ

ルネサンスを準備した商業と経済の発展

商人の団体《ハンザ》が13世紀に誕生していた。これが都市同盟（都市ハンザ）に発展し、百を超える都市が参加した。

　西ヨーロッパ全土で増加した自治都市国家群は、こうした経済的発展によって後押しされた。都市運営においては各都市の経済を支えた中核産業のギルド（同業者組合、イタリアではアルテ）が大きな発言権を持ち、合議制による行政をリードした。

　ギルドは実質的に既得権益の保護団体であり、また都市運営に際しても有力ギルドの代表者によって議席の大半が占められ、民主政に基づく厳密なる市民社会ではなかった。しかし、歴史の常として、経済の実権を握っている層が（階層身分の上下によらず）文化の担い手となるものだ。前節で見たように、ギルドによる国家運営が共和政を理想視しているからこそ、ルネサンスは古代文化の再評価運動となった。

　《聖ゲオルギウス》は武具馬具組合というギルドの注文による。ここにおいて、教会と貴族しかいなかった芸術のパトロンに、ギルドという第三のパトロンが登場したのだ。

フィオリーノは古代ローマのような鋳造硬貨ではなく、熱した金を型に挟んで叩いて製造された。本書は金融行政のルールブックであり、フィレンツェの守護聖人である洗礼者ヨハネの姿が描かれている。

《フィレンツェ共和国貨幣局行政官の規約》
1314〜1461年
国立古文書館、フィレンツェ

ギルドは
新規参入を制限し、
価格をルール化

ギルド（アルテ）は本来、価格カルテルと許認可システム（親方資格＝マイスターを認められないと開業できない）による既得権益保護団体である。物乞いを含むすべての業種にギルドができ、17世紀の市民社会誕生を準備した。

《靴製造職人工房》
ヨースト・アマン『商売の書』より
1568年

重さ3.5グラム弱の
24金でできた
ドゥカート金貨

中世のドルとして君臨したドゥカートには、ヴェネツィアの守護聖人である聖マルコの姿が彫られている。後節以降見ていくように、ほぼ同じ重量と純度で造られたこれら二大基軸通貨が銀行業を近代化させていく。

《ドゥカート金貨》
15世紀半ば　コッレール美術館、ヴェネツィア

3 ペストの大流行

ヨーロッパの人口の過半数を奪った伝染病

ペストを含むさまざまな厄災からの救済を祈願

ヴェネツィアの人口の3分の1を奪ったペストが1631年に終息したことを祝して建設された八角形プランの聖堂。名は「救済の聖母」の意。主祭壇には12～13世紀頃のビザンティン様式のイコンが飾られている。

《サンタ・マリア・デッラ・サルーテ教会》
1687年完成　ヴェネツィア

瞬時に命を奪うペストの恐ろしさを生々しく描写

ペスト(黒死病)は中東地域には昔から存在し、旧約聖書にも「はれもの」と記述されて、神罰として作用する。アシドドは聖櫃を盗んだペリシテ人の街で、画面左端に彼らの神ダゴンが打ち倒されている。

《アシドドのペスト》
ニコラ・プッサン
1630～31年
ルーヴル美術館、パリ

「レンズ豆大の腫《は》れ物が、腿《もも》や上腕にできる。それは全身にうつり、病人が激しく血を吐くまで侵す。この喀血《かっけつ》は丸三日間続き、病人はついに回復することなく息を引き取る(*)」。この恐ろしい記録は、ペストが最初に西ヨーロッパに入って来るきっかけとなった船に乗っていたフランチェスコ会士による。1347年秋、黒海沿岸での商売を終えたジェノヴァの船団が戻って来た。その洋上でペストが発生し、最初12隻だった船団は3隻程度まで減ってしまった。その噂は寄港地から瞬く間に広がり、ジェノヴァは自国の船団の入港を拒否してしまう。船団は仕方なく隣のマルセイユに入港。病禍はそれから約5年で全欧州を襲い、その間におよそ4人にひとりの命を奪ったと考えられ(諸説ある)、

＊『ペストの文化誌』(蔵持不三也、朝日新聞社、1995年)

ペスト救済の守護聖人たち

聖セバスティアヌスを
射った矢は
ペストに見立てられた

セバスティアヌスは矢で射られた後、イレーネによる治療により助かったとされる。マンテーニャは古代作品の収集もしていた典型的なルネサンス人であり、その古代知識が円柱の描写などに活かされている。

《聖セバスティアヌス》
アンドレア・マンテーニャ　1480年頃　ルーヴル美術館、パリ

対抗ペスト聖人のひとりである聖ロクスは、患者を看病していて罹患したため、伝染させないよう隠遁したとされる。神がそれを見て犬に食べ物を運ばせたとの伝説から、絵画にはたいてい犬と太腿の腫れが描かれる。

《聖ロクスと寄進者》
パルミジャニーノ　1527年
サン・ペトロニオ教会、
ボローニャ

ペスト患者を看護した
13世紀フランスの聖人

以降も度々流行を繰り返した。

キリスト教の世界には、万物を神が創造したとの大前提がある。それならばなぜ病のようなものがあるのかという疑問には、2通りの説明しかない。悪魔などの神に刃向かう存在が創り出したか、あるいは神自身が人類を懲らしめるための罰として創ったかのどちらかである。ペストは後者の神罰とみなされ、ランダムに放たれた神の怒れる矢が運悪く当たった者が死んでいくとされた。

3世紀後半の人物とされる聖セバスティアヌスは、禁教時代に布教したかどで矢で射られたが、天使に1度救われたとの逸話を持つ。そのため、神罰のペストの矢に当たらないように、当たっても死なないようにと願う人々にとって、同聖人は格好の願掛けの対象となった。ついぞ美術に採り上げられてこなかった聖人の絵が14世紀後半から爆発的に増えたのは、感染の知識など全くない時代にあって、絶対的な死へのささやかな対抗となったからなのだ。

Chapter 3 近世

4 金融業の革新とルネサンスの開花

商業の発展がもたらしたフィレンツェの繁栄

当時最大の教会を建てたはよいが、巨大なクーポラを載せる技術がなく、青天井のままミサを行っていた。ブルネッレスキは古代建築に学んで直径45.5メートル、高さ100メートル超のクーポラを載せることに成功した。

《サンタ・マリア・デル・フィオーレ大聖堂のクーポラ》
フィリッポ・ブルネッレスキ　1429年起工／1436年ほぼ完成　フィレンツェ

ルネサンスの世紀となった15世紀の最初の年、フィレンツェで象徴的な出来事が起きた。街の信仰生活の中心であるサン・ジョヴァンニ洗礼堂の青銅扉の制作者を決めるコンクールが開かれたのだ。勝ち残ったのは2名。決着がつかず、協働するよう勧められて1名が辞退。そのためロレンツォ・ギベルティが残った。彼はその後、50年近い歳月を費やして、洗礼堂の2枚の青銅扉を装飾することになる。

　辞退したほうのブルネッレスキは建築家となり、大聖堂の大クーポラ(ドーム)をはじめフィレンツェの多くの建築物を手がけた。古代建築に学んだ彼の建築は正円と正方形を主たる構成要素とし、それまでのゴシック建築と大きく異なっていた。彼は遠近法の完成者でもあり、初期ル

金融都市フィレンツェで花開いたルネサンス美術

公共建築物を装飾する
芸術コンクールも開催

同主題により両者の違いがよくわかる。ギベルティ（右）は優美でまとまりがよく、ブルネッレスキ（左）は大胆である。莫大な予算がつぎ込まれた青銅扉のおかげで、ギベルティは当代一の彫刻家とみなされるようになった。

《イサクの犠牲》
（サン・ジョヴァンニ洗礼堂青銅扉コンクールのための出品作）
ロレンツォ・ギベルティ（右）、フィリッポ・ブルネッレスキ（左）
1401年　バルジェッロ美術館、フィレンツェ

利子を取ってはならぬとの聖書の文言の建前上、彼らは高利貸しではなく自らを両替商（カンビオ）と称した。英語の銀行（バンク）の名は、写真右下に見える長机（バンコ）から。装飾を手がけたペルジーノ工房には、若き日のラファエッロもいた。

両替商の
豊かな懐具合がよくわかる
豪華な壁画装飾

《コレッジョ・デル・カンビオ内部装飾》
ペルジーノ工房　1497〜1500年
ペルージャ（イタリア）

旅する両替商の
親族の無事を願う
図像が流行

トビアスは天使の勧めで釣った魚を手に提げており、帰還後にこの魚で父の目を癒す。当時多くの銀行家が注文した流行主題であり、トビアスは旧約聖書の登場人物ではなく、トスカーナ地方の富裕層の子息の姿そのものだ。

《トビアスと天使》
アンドレア・デル・ヴェロッキオ工房
1470〜75年頃　ロンドン・ナショナル・ギャラリー

ネサンスを牽引する改革者となった。

　フィレンツェがルネサンスを最初に開花させる都市となったのは、金融業の革新のおかげである。それまで金貸しは聖書で禁じられていたが、商業の発展とともに融資のニーズは高まっていた。そこで、フィオリーノとドゥカートのような複数の通貨を用いて、実質的には利子を取りながらも両替として処理する方法などが発明された。遠国同士の支店間を為替手形が飛び交い、決算期には現金処理がなされた。満足な警察組織もない時代、その危険な出張には信頼のおける親族が重用された。

　旧約聖書外典の『トビト記』に、盲目になった高利貸しの父の代わりに、息子が資金回収の旅に出る物語がある。神が遣わした大天使ラファエルの加護のおかげで、トビアスは無事帰還する。紀元前から知られる《トビアスと天使》の主題が、突如としてルネサンス期のトスカーナ地方で流行したのは、銀行家が親族の無事な帰還を願ったからこそである。

5 古代文化の再流入と人文主義

磔刑の場面にギリシャ神話のモチーフを挿入

キリストが２人の罪人とともに十字架に架けられる主題で、史上最も多く描かれた刑死場面である。神話では、太陽神アポロンと月の女神アルテミス（ディアーナ）などの神々が天を駆けると考えられていた。

《キリストの磔刑》
ブラマンティーノ
1503〜11年
ブレラ美術館、ミラノ

ギリシャ・ローマの多神教文化との融合

ソクラテスやプラトン、アリストテレスといった哲学者、ホメロスやヒポクラテス――。彼ら古代ギリシャの偉人たちの業績は、修道院などで細々となされていた研究を除き、中世の西ヨーロッパでは一般にはほとんど忘れ去られていた。当然ながら、多神教に根差したそれらの文化は一神教のキリスト教世界では好ましからざるものだったからだ。

その頃、かつて広大な版図を誇ったビザンティン帝国の命脈が尽きようとしていた。高い文化水準を保っていた宮廷から、多くの学者や聖職者が逃げ始めた。イタリア半島に移住してきた彼らが、ペトラルカらによって始められていた古典文献の翻訳運動を支えた。そして１４５３年、オスマン・トルコがコンスタンティノープルを陥落させ、古代ローマか

西欧の世界観を変えたビザンティンの知識人

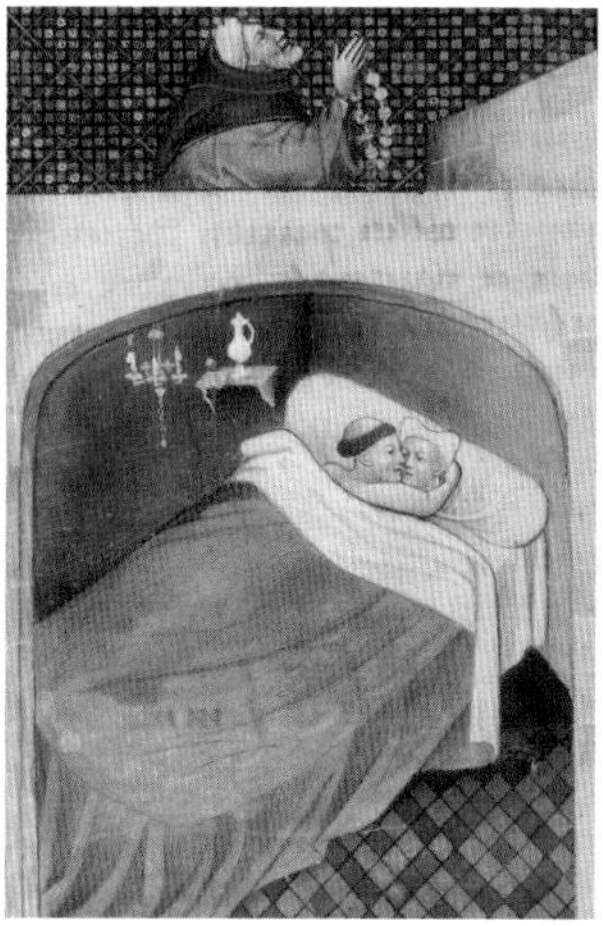

中世ではありえない不倫話の挿絵も描かれた

ペストの猛威から逃れて郊外に疎開した男女のグループが、ひとり1話ずつ小話をしていく。この挿絵は不倫場面に付けられたもので、『デカメロン』は中世にはなかった官能性にあふれている（作者本人は後に恥じた）。

《ボッカッチョ『デカメロン』挿絵》
15世紀　フランス国立図書館、パリ

天動説に基づいたプトレマイオスによる天文学書

アラビア語の定冠詞「アル」に、ラテン語の「マゲスト（大いなる）」が付いた書名からも、元はギリシャ語で書かれたプトレマイオスの書が、アラビア語版を経てラテン語に訳されたものであることがわかる。

《プトレマイオス『アルマゲスト』表紙》
1496年制作／1515年ヴェネツィアで刊行

キリストの十字架の断片も収められた聖遺物容器

ビザンティン帝国の都コンスタンティノープルにいた人文学者・聖職者ベッサリオンは、1440年にイタリアに移住し、カトリックに改宗した。西ヨーロッパに古のプラトン哲学を伝え、ネオ・プラトニズムの立役者となった。

《聖なる十字架》
（ヨハンネス・ベッサリオンの聖遺物）
1460年代　アカデミア美術館、ヴェネツィア

ら続く歴史についに幕が下りた。

古代ギリシャの喜悲劇や詩は、それまでキリスト教のモラルに従ってきた文学を一変させた。そしてプトレマイオスなど古代の賢人たちの書が、アラビア語翻訳版からラテン語に訳された。ヨーロッパは、かつて自分たちが創り出した学芸を、イスラム圏から逆輸入したことになる。

こうして、キリスト教世界の中に、かつての神話の多神教文化が取り込まれていった。ブラマンティーノの《キリストの磔刑》に、太陽と月が描かれていることにお気づきだろうか。太陽と月は毎日沈んでまた昇るプロセスを繰り返すため「死と復活」のシンボルとなり、キリストの死と復活の主題にふさわしいモチーフである。ここでさらに注目すべきは、太陽と月に、それぞれ顔が描かれている点で、これは明らかに神話で太陽と月を運んだ神々の知識が入り込んだ結果である。多神教文化が一神教の主題に入り込んだルネサンス美術の典型例といえよう。

6 ルネサンス美術の本質

官能的な魅力を放つ悪徳から引き離そうと、信仰篤く慎ましい美徳が少年の手を引いている。少年が将来そのようになってほしいとの願いを込めた、一種の教育祈念画である。多神教文化の要素が悪徳に含められている。

《美徳と悪徳のあいだの若者》
パオロ・ヴェロネーゼ
1581年頃　プラド美術館、マドリード

空間性・人体理解・感情表現をもって完成

フィレンツェのアルノ川南岸側に、サンタ・マリア・デル・カルミネ教会がある。ここは同市にあるウフィツィ美術館やピッティ宮ほど多くの観光客が訪れる場所ではないが、アッシジのサン・フランチェスコ大聖堂やヴァチカンのシスティーナ礼拝堂などと並んで、美術史上の聖地のひとつとなっている。

　同教会のブランカッチ礼拝堂は、20人も中に入れば一杯になるほどの大きさである。ここにマザッチョとマゾリーノという2人の画家が呼ばれ、壁画制作を委嘱された。2人はかつて弟子と親方の関係にあると思われていたが、おそらく兄弟弟子の関係にあったようだ。礼拝堂の向かい合う細長い画面に、両者がそれぞれアダムとエヴァの物語を描いている。マザッチョは楽園追放を、マゾ

《楽園追放》に見るルネサンス美術の三要素

「恥じらいのヴィーナス」像の発掘

古代彫像が多く発掘されたのもルネサンスの結果である。プディカ型と呼ばれる「恥じらいのヴィーナス」像は多く発見され、当時の画家に影響を与えた。代表例がボッティチェッリの《ヴィーナスの誕生》である。

《メノファントスのヴィーナス》
前1世紀（580年頃発見）　国立博物館、ローマ

比べるとわかる
マザッチョの革新性

おそらくマザッチョの兄弟子にあたり共作も残したマゾリーノも、当時高く評価されていた。ここではマザッチョの革新性に比べると凡庸に見えるが、当時の新様式を学んで、後には自らの様式を大きく変えた。

《原罪》
マゾリーノ・ダ・パニカーレ
1424～27年頃
サンタ・マリア・デル・
カルミネ教会ブランカッチ礼拝堂、
フィレンツェ

名だたる画家たちが学んだルネサンス絵画の金字塔

ルネサンス絵画の三要素を初めて打ち出したマザッチョは、ブルネッレスキとドナテッロとともにフィレンツェで初期ルネサンスを牽引した。しかし20代後半にペストで夭逝したため、現存作品は非常に少ない。

《楽園追放》
マザッチョ　1424～27年頃
サンタ・マリア・デル・カルミネ教会
ブランカッチ礼拝堂、フィレンツェ

あのミケランジェロも模写していた！

ブランカッチ礼拝堂は、美術大学などまだない当時にあって、美術を志す若者にとっての生ける教材となった。これはミケランジェロによる模写だが、筋肉のたくましさなどに彼の個性がにじみ出ている。

《マザッチョ〈楽園追放〉の模写デッサン》
ミケランジェロ・ブオナローティ
1488年頃　ルーヴル美術館、パリ

リーノは原罪場面を。

同時期に描かれたこれら2作品には、明確な違いがある。前者の足もとには影があり、奥行きを出そうとしていて、人体も解剖学的に正確である。そしてなにより、マゾリーノの描く2人が神の禁忌を破ろうとしているというのに全く感情の揺らぎを見せないのに比べて、マザッチョの泣き叫ぶ2人のなんと激しいことだろう。これらの「空間性・人体理解・感情表現」をもって、ルネサンス美術の三要素とする。

当時、裸体モデルには工房の弟子などが務めただろうが、女性はそうはいかない。そこでマザッチョは復活したばかりの古代彫像を手本とした。以来、ここはルネサンス絵画の殿堂となり、多くの画家がマザッチョを模写して学んだ。

しかし、多神教文化があまりにもてはやされることに対して批判的な見方もあった。やや後のヴェロネーゼの描く悪徳の背後に古代彫像や神殿があるのはそのためである（114頁）。

7 ルネサンスの最盛期

フィレンツェ最大のパトロン・メディチ家

メディチ邸の私的礼拝堂に描かれた本作は、三賢者がそれぞれメディチ家3世代の肖像画を兼ねている。公的には表舞台にあまり立たなくとも、自分たちを賢者になぞらえた点に、同家の自負を見て取ることができる。

《東方三博士の礼拝》
ベノッツォ・ゴッツォリ　1459年
メディチ・リッカルディ宮マギ礼拝堂、フィレンツェ

メディチ家の紋章
薬(メディチーナ)に似た名や紋章の丸薬(パッレ)から見て、記録はないが最初はおそらく薬種業。金融業で大富豪となり、各国宮廷と姻戚関係を結んだため、城や宮殿でこの紋章をよく見かける。

14世紀後半に吹き荒れたペスト禍(108頁)が去った後、フィレンツェには大銀行家としてメディチ家だけが残っていた。同家は英仏王家よりも教皇庁を主たる顧客としていたため、百年戦争のあおりを受けたトスカーナ金融業の連鎖倒産(97頁)に巻き込まれなかった。同家はコジモ・デ・メディチ(イル・ヴェッキオ)の時代に最盛期を迎える。彼は共和国の政体に敬意を払いつつも実質的にフィレンツェを支配し(いわゆる僭主統治《シニョリーア》の一種)、数多くの公共事業を起こした。彼のもとにはプラトン哲学を学ぶ学者や詩人、建築家や画家、音楽家などが半島中から集まってきた。

絵画では遠近法が研究され、中央一点消失法が確立された。そこでは数学的にオブジェクト(対象物)の大小が求められるため、例えばマザッチョの《聖三位一体》(65頁)などでは、手前の寄進者のほうが奥にいるマリアたちよりサイズが大きく描かれる。これは中世の宗教観では考えられない表現法である。つまり遠近法の発達とは、神の視点から人の視点への変化にほかならず、ルネサンスが持つ人文主義《ヒューマニズム》の特質の一端をよく表している。

メディチ家のお抱え画家であるボッティチェッリによる《春》は、同家主宰の哲学サロンで研究されていた新プラトン主義《ネオ・プラトニズム》の成果である。そこでは神話の物質(肉体)的愛が「地上の愛」として、プラトン的イデアの世界がキリスト教神秘主義と結びついた「天上の愛」と対比された。ここにおいて古典復興《ルネサンス》はひとつの頂点に達したのだ。

人間の視点に基づく遠近法の完成

春を迎えて開花する楽園の主ヴィーナス（中央）は、聖母マリアと重ね合わせられている。そのためお腹が膨らみ、背後に光背を思わせるフォルムをまとっている。《ヴィーナスの誕生》と対をなすとの説もある。

《春（プリマヴェーラ）》
サンドロ・ボッティチェッリ
1480年頃
ウフィツィ美術館、フィレンツェ

ルネサンス絵画の傑作は
新プラトン主義研究の賜物

精緻な浮彫りで
自然な奥行きを見事に表現

洗礼堂青銅扉を制作したギベルティ〔110頁〕は、好評を得て2枚目の扉も制作した。1枚目の着手時点から約半世紀後に完成した本作品は、1枚目と異なり、画面に遠近法がまるで主役のように適用されている。

《天国の門》　ロレンツォ・ギベルティ
1425〜52年　サン・ジョヴァンニ洗礼堂、フィレンツェ

《聖杯の遠近法作図》
パオロ・ウッチェロ　1430年頃
ウフィツィ美術館版画素描室、フィレンツェ

ウッチェロは遠近法の研究に一生を捧げた画家である〔91頁〕。ここで彼は聖杯の遠近作図法を行っているが、数百点に及ぶ点の計測にかかる労力と時間は途方もなかったはずだ。

聖人の頭部に光輪がないのは
「見たことのないものは描かない」
という画家のスタンスの表れ

《最後の晩餐》 レオナルド・ダ・ヴィンチ　1495～98年頃
サンタ・マリア・デッレ・グラーツィエ修道院食堂、ミラノ

Raffaello Sanzio

卓越した画力でその後数世紀にわたり「美の基準(カノン)」として君臨したラファエッロ。聖母子と洗礼者ヨハネを安定した三角形の構図に配し、背景は空気遠近法で青くかすむ。レオナルドの影響が大きい作品。

《ベルヴェデーレの聖母》 ラファエッロ・サンツィオ
1505～06年　美術史美術館、ウィーン

慈愛に満ちた
人間的な聖母の表現は
ルネサンス時代から

8

ルネサンスの三巨匠

天才たちが活躍した ルネサンス美術の最盛期

「ルネサンス三大巨匠」と呼ばれるレオナルド・ダ・ヴィンチ、ミケランジェロ・ブオナローティ、ラファエッロ・サンツィオ。それぞれに交流もあった3人はルネサンス美術の最高峰であり、完成者だ。

　レオナルドはルネサンスの合理主義を体現する科学的思考の持ち主だ。写実を重んじ、天使の羽など「自分が見たことがないものは描かない」という態度を貫こうとする。当時、教会によって禁じられていた人体解剖を行い、骨格や筋肉、内臓などの詳細なスケッチを残した。数多くの機械や道具の発明でも知られている。

　レオナルドよりも20歳ほど年下のミケランジェロは大クライアントのローマ教皇やメディチ家の仕事を巡るライバルでもあった。彼は写実に徹したレオナルドの画風から一歩踏

伝統の範疇を超えた美の完成者たち

ミケランジェロが死の直前まで手を入れていた最晩年の作。死せる我が子を悼む母という同主題でもデビュー作とはまったく違う。削っては破壊することを繰り返しているうちに母子が融け合ってしまったようにも見える。

《ロンダニーニのピエタ》
ミケランジェロ・ブオナローティ
1559〜64年
スフォルツェスコ城美術館、ミラノ

Michelangelo Buonarroti

24歳で制作した、実質的なデビュー作。聖母マリアはキリストに比べて体が大きく、実際よりも若く表現される。写実的に見えるが実際には誇張があり、後のマニエリスムにつながる劇的な演出がなされている。

誇張を加えた超絶技巧で「神のごとき人」と称賛

《ピエタ》
ミケランジェロ・ブオナローティ
1499年　サン・ピエトロ大聖堂、ヴァチカン

Leonardo da Vinci

それまでイエスと同じ側に描かれることがなかった裏切り者のユダを含め、弟子たちをイエスの左右に配置。イエスが「この中に裏切り者がいる」と言った瞬間の、弟子たちの表情と手の動きが驚きや疑いを表す。

み出し、筋肉などを強調する「マニエリスム」という様式を生み出す。合理性や様式美からより劇的な演出へと舵を切ったのだ。

　早熟の天才だったラファエッロは両者の〝いいとこ取り〟をした画家だ。彼の絵にはレオナルドの《モナ・リザ》（126頁）から強い影響を受けたと思われる女性像もあれば、ミケランジェロの絵のように変形された人体の表現もある。

　ミケランジェロは当時発見された古代ギリシャ彫刻の《ラオコーン》（39頁）などから影響を受けたともいわれる。ラオコーンはギリシャ神話の登場人物であり、キリスト教とは相容れないはずだ。ミケランジェロの作品はキリスト教以前の文化の「再生」を目指すルネサンスの象徴ともいえる。レオナルドも《最後の晩餐》などいくつかの絵では光輪を描かなかった。ローマ・カトリック教会の影響下にありつつも宗教を全面的に肯定しない、近代的な態度が少しずつ芽生え始めた。

9 北方ルネサンス

アルプス以北の芸術家たちが追求した写実の美

人間の罪深い
欲望に満ちた現世を
抜群の想像力で活写

イスラムの脅威や魔女狩りなど、宗教改革前夜の社会不安と期待の時代を生きたボスの最大の作品。奇想の生き物が繰り広げる罪深い快楽の行いを肯定するとも否定するとも解釈できる謎めいた絵。

《快楽の園》（中央パネル）
ヒエロニムス・ボス
1490〜1500年
プラド美術館、マドリード

緻密な描き込みによる写実の追求。北方ルネサンスを代表するヤン・ファン・エイクやアルブレヒト・デューラー、ハンス・ホルバイン（子）らの絵には厳しい現実もそのまま描き止める意志が感じられる。

イタリアのルネサンスに対して北方ルネサンスの名があるのは、イタリア北部からスイスにかけて横たわるアルプス山脈によりヨーロッパ大陸が分断されていたからだ。もちろんアルプス越えや海路による交流はあったが、今よりもっと時間と苦労のかかるものだったのは当然だ。

この北ヨーロッパでイタリアと同等に栄えていたのが現在のベルギー、オランダ、ルクセンブルク、北フランスの一部を合わせたネーデルラントであり、とくにネーデルラント南部（フランドル）には繊維業による富が集中する。ベルギーにはリネンの原料である亜麻があり、それを製品化する熟練の染織の職人たちも揃っていた。その技術や富を狙って他国から介入する者も出る。職人の組合（ギルド）や商人たちは外敵の侵入から自らを守り、商売繁盛を願って教会や修道院に絵や彫刻を寄進した。商人の中には王侯貴族のように自身の肖像画を注文する者もいた。

北方ルネサンスの画家のうちヤン・ファン・エイクは、ヴァザーリの『芸術家列伝』によれば油絵の発明

北方のリアリズムと幻想の世界

驚異的な写実描写の秘密は
当時開発された“レンズ”にあり

王冠の宝石の煌めきなど、細部の精緻な表現はレンズなど光学的な発明の賜物でもある。中央上の男性は神またはキリストであり、子羊はキリストあるいは教会を表すというように重層的な意味が込められる。

《ヘントの祭壇画》
ファン・エイク兄弟　1432年
シント・バーフ大聖堂、ヘント（ベルギー）

「画家」としての
矜持を示した
28歳の自画像

当時、正面向きの構図は肖像画や自画像にはなく、イコンにのみ見られるものだった。銘文は古代ギリシャの大画家アペレスと同様の表現が用いられており、自らの制作態度を神やアペレスに比した自意識が伺える。

《自画像》
アルブレヒト・デューラー
1500年　アルテ・ピナコテーク、ミュンヘン

者とも伝えられる。実際にはすでにあった油彩技法を改良し、より細密で鮮やかな描写を可能にしたのが彼の功績だ。彼はブルゴーニュ侯フィリップ善良公の命で外交使節としてポルトガルやスペインを旅行、南ヨーロッパにも進化した油彩技法を広めたという。

10 ヴェネツィア・ルネサンス

海洋貿易で得た富と栄華を体現する美の黄金時代

《聖ゲオルギウスと竜》
ヴィットーレ・カルパッチョ
1502年　サン・ジョルジョ・デッリ・スキアヴォーニ同信会館、ヴェネツィア

同信会とはヴェネツィアの各地区に設けられた信者同士の扶助組織。豊かな同信会は会館を持ち、画家に装飾を依頼した。この同信会館では写真の「聖ゲオルギウス伝」のほか「聖ヒエロニムス伝」などが描かれる。

前項のフランドルがルネサンス期の北ヨーロッパの経済センターとすれば、南ヨーロッパのセンターはヴェネツィアだ。いくつもの小国に分かれていたイタリアの中でも海洋貿易で栄えたヴェネツィア共和国の豊かさは別格だった。国営造船所（アルセナーレ）でガレー船という帆船を製造し、海賊の襲撃に備えて船団を組み、定期的に航海することで交易の効率化を図った。船の沈没による損失などのリスクを分散するため、投資や公債によって1回の航海につき複数の出資者を募り、利益を分配することも行われていた。

　その政治体制も独特だ。12世紀半ばからドージェ（元首）を補佐する1000～2500人程度の男子貴族による有識者会議（後の大評議会）が組織され、評決とくじ引きでドージェを決めるようになる。ドージェの権限や、ほかの構成員の任期は有限であり、権力の集中を防いだ。他国が王家や豪商ら特定の家によって治められていたことを考えると、ヴェネツィアの特異性がよくわかる。

　蓄積された富を背景に、ティントレット、ティツィアーノ、ベッリーニ、カルパッチョらには教会や同信会と呼ばれる信者団体から祭壇画や壁画の注文が次々に舞い込む。ヴェネツィア・ルネサンスの絵画は南欧の陽光溢れる風景にふさわしく、鮮やかな色遣いのものが多い。きらきらと輝く金貨が空から降ってくる構図や官能的な表現など、臆面もない現世利益の追求もヴェネツィア・ルネサンスの特徴だ。ローマから遠いヴェネツィアでは神だけでなく、金や女性を堂々と賛美する風潮があった。

華やかな色彩と官能的な美を追求

横幅10メートル近い絵。イエスが婚礼の場で水をワインに変えた奇跡を描く。聖なる光景が豪華な食器など世俗的なものによって描かれる。高価なラピスラズリなどの画材はヴェネツィアの豊かさを示す。

《カナの婚礼》
パオロ・ヴェロネーゼ
1563年　ルーヴル美術館、パリ

当世風の衣装や
金銀細工を描き、
聖と俗を鮮やかに対比

繊細な明暗表現や
輝くシルクの
描写が秀逸

コルノという帽子をかぶったヴェネツィアの最高指導者ドージェ(元首)。権力の集中を防ぐためドージェは世襲ではなく複雑な選挙で選出され、常に6人の元首補佐官とともに行動するなどの制限があった。

《総督レオナルド・ロレダンの肖像》
ジョヴァンニ・ベッリーニ　1501〜02年頃
ロンドン・ナショナル・ギャラリー

《ダナエ》　ティツィアーノ・ヴェチェッリオ
1554年頃　エルミタージュ美術館、サンクトペテルブルク

ギリシャ神話の神ゼウスが黄金の雨に姿を変え、塔に閉じ込められていたダナエの元に忍び込む。ここでは雨が金貨に置き換えられ、老婆がエプロンでそれを受けている。官能性と現世利益が堂々と表現される。

神話画に「金貨」
という世俗の
エッセンスを添えて

11 大航海時代とイタリアの斜陽

経済の中心はイタリアからスペイン・ポルトガルへ

1493年、コロンブスがカリブ海への最初の航海からスペイン宮廷に戻ってきた場面。画面には金、武器、彫像、奴隷まで、彼らが略奪したものが描かれる。自身も冒険家だったロシアの伯爵の依頼によるもの。

《コロンブスの帰還》 ウジェーヌ・ドラクロワ 1839年　トレド美術館（アメリカ）

リスボンのマヌエル様式建築の代表作、ジェロニモス修道院にあるヴァスコ・ダ・ガマの墓。マヌエル様式とは海や航海を思わせる珊瑚や船、天球儀などのモチーフで過剰に装飾された、バロックを先取りする様式。

《ヴァスコ・ダ・ガマの墓》 16世紀 ジェロニモス修道院、リスボン

人は富に向かう。そして東方には富があると信じられていた。1271年から95年にかけて東方へ旅したマルコ・ポーロの『東方見聞録』には豊富な金で潤うアジア諸国が紹介されていた。東方はヴェネツィア商人に莫大な富をもたらした香辛料の原産地でもあり、直接そこで買い付けることができればより大きな利益が得られる。羅針盤など航海技術の発達もそれを後押しする。ポルトガル、スペインはイスラム教への対抗意識もあり、キリスト教拡大の使命に燃える。こうして大西洋を越える大航海時代が始まった。

先鞭をつけたのは、ポルトガルのヴァスコ・ダ・ガマだった。彼は1498年、アフリカの喜望峰経由でインド西南部に到着する。スペインのイサベル女王はポルトガルに負

皇帝の肖像に新大陸の野菜が登場

ハプスブルク宮廷にも仕えたアルチンボルドが寄せ絵の手法で描いたルドルフ2世。ルドルフ2世のヴンダーカマーにはオウムの剥製など新世界由来のものや望遠鏡や天文時計、エジプトのミイラなどが並んでいた。

《ウェルトゥムヌスとしての皇帝ルドルフ2世像》
ジュゼッペ・アルチンボルド
1591年　スコークロステル城、ウプサラ近郊（スウェーデン）

けまいとイタリア人コロンブス《クリストフォロ・コロンボ》を援助、彼はインドを目指して大西洋を横断し、92年にバハマに到着する。

その頃イタリアでは地盤沈下が始まっていた。１４５３年、オスマン帝国によってコンスタンティノープルが陥落、東方貿易で栄えたイタリア商人は打撃を受ける。１４９４年から１５５９年まで続いたイタリア戦争（126頁）も国土を疲弊させる。経済の重心は明らかにイタリアからスペイン・ポルトガルに移っていた。

イタリアの斜陽をよそに、ドイツなどでは大航海によって到来した珍奇なもののコレクションが盛んになる。神聖ローマ皇帝ルドルフ2世らはそれらを「ヴンダーカマー」（驚異の部屋）と呼ばれる〝コレクション部屋〟に並べて悦に入っていた。ルドルフ2世らハプスブルク家の宮廷に仕えたアルチンボルドはそのコレクションを詳細に観察し、絵画に活かしている。未知の動植物や鉱物を分類・整理する博物学も発達、ピサやボローニャには植物園が造られた。

12

イタリア戦争

覇権争いに敗れるイタリア、全盛期に突入するスペイン

《ローマ劫掠》 カール・ブリューロフ
1833〜35年　トレチャコフ美術館、モスクワ

中央で抱き合っておびえる女性3人はくっきりとした筆致で、そのほかのところは粗い筆致で描き、3人の女性を浮き上がらせる劇的な演出。ブリューロフは19世紀ロシアの出身で、ロシア帝立美術アカデミーの教授も務めた。

イタリアを震撼させた
カール5世傭兵部隊による
暴力・破壊・略奪

イタリア戦争時の1554年、カール5世側のコジモ1世軍がフランス軍に勝利した場面。フィレンツェのヴェッキオ宮殿五百人広間のレオナルドとミケランジェロの壁画が予定されていた壁に描かれた。

晩年レオナルドは
フランソワ1世の
庇護を受けた

1516年、フランソワ1世の招きでミラノからフランスに渡ったレオナルドが携え、最後まで手を入れていた。フランソワ1世はフォンテーヌブロー宮殿の改装でも画家を招いている〔135頁〕。

《ラ・ジョコンダ（モナ・リザ）》
レオナルド・ダ・ヴィンチ
1503〜19年頃
ルーヴル美術館、パリ

14世紀半ばのイタリアはフィレンツェ、ヴェネツィア、ミラノなどの都市国家が領土拡大を目論んで内戦状態にあった。2人、時に3人の教皇が並び立ち、競い合うなど宗教界も混乱する。さらにイタリアはフランス対スペインの覇権争いにも巻き込まれた。フランスのシャルル8世が１４９４年、ナポリに侵攻し、１５１９年にはスペインを統治していたハプスブルク家のカール5世が神聖ローマ帝国の皇帝に即位して、27年にローマに攻め込む（ローマ劫掠《ごうりゃく》）。59年、カトー＝カンブレジ和約によって領土分割が取り決められた。この一連の動乱は「イタリア戦争」と呼ばれている。

イタリア戦争の主役のひとり、スペインのカール5世はカルロス1世として１５１６年、カスティーリャ

人馬入り乱れる
激しい戦闘の結果、
カール5世・コジモ1世の
連合軍が勝利！

戦争と略奪が激しさを増すイタリア

《ヴァルディキアーナにおけるマルチャーノの戦い》　ジョルジョ・ヴァザーリ　1570～71年　ヴェッキオ宮殿、フィレンツェ

王国とアラゴン王国、両国の王に即位し、20年に神聖ローマ帝国皇帝となる。彼は皇帝を選ぶ選挙の際、純金2トン分ともいわれる多額の資金を使ったという。皇帝に即位した結果、カール5世の領土は祖父母らから受け継いだオーストリア、ブルゴーニュ、アラゴン、ナバラ、ナポリ、ミラノ、サルデーニャ、そして新大陸までを引き継ぎ、「陽の沈まぬ大帝国」を支配することとなった。

一方、フランスでは1515年にフランソワ1世が即位、同年にミラノを占領して同地を支配していたスフォルツァ家を追放する。フランソワ1世はまた、皇帝の座を巡ってカール5世と争ったが破れ、フランスとハプスブルク家の対立は深まった。24年には再びイタリアに攻め込むが、翌年パヴィアの戦いで敗退し、幽閉される。マドリード条約に調印、フランドルなどの宗主権の譲渡を条件に解放されたが、条約の一部を反故にしたため再び戦乱が起き、決着がつかぬまま、47年に死去した。

浪費癖で宗教改革を招いたレオ10世は豪華王の次男

贖宥状の濫発で宗教改革を招いた教皇レオ10世はルネサンス芸術の庇護者でもあった。左側は後に教皇となったクレメンス7世(レオ10世の従兄弟)。彼の治世にローマ劫掠が起き、イタリアの地盤は傾く。

《教皇レオ10世》
ラファエッロ・サンツィオ　1518年頃
ウフィツィ美術館、フィレンツェ

13 宗教改革前夜のヨーロッパ

ローマ・カトリックの搾取と揺らぐキリスト教信仰

1469年、フィレンツェでロレンツォ・デ・メディチが同家の当主となる。彼は「豪華王《イル・マニーフィコ》」とも呼ばれて外交や芸術振興に腕を振るったが、本業の銀行業は傾きかけていた。彼が92年に没するとフランス軍がフィレンツェに侵攻、メディチ家は一時、フィレンツェから追放される。その隙に人心を把握したのがドミニコ会修道士のサヴォナローラだった。彼は神権政治を敷き、贅沢な服飾品や美術品を焼却する「虚栄の焼却」を行う。この時サヴォナローラに心酔していたボッティチェッリも自作を焼いてしまい、作風も大きく変えている。だが、あまりにも厳しい政治は人々の反感を買い、最後は教皇アレクサンデル6世によって破門され、処刑された。

この間、1503年に教皇となったユリウス2世がローマのサン・ピエトロ大聖堂の建て替えを始める。この大聖堂は元々、4世紀にコンスタンティヌス1世が聖ペテロの墓を祀るために建設したもの。新しい大聖堂はブラマンテの手によって建設が始まり、彼の死後はラファエッロ、ミケランジェロらが携わった。

この大聖堂の建設資金をまかなうとの名目で教皇レオ10世は1517年、ドイツで「贖宥状」(免罪符)を売り出す。贖宥状を購入すれば死後の煉獄での刑罰を逃れることができ、さらにはすでに死んだ者も同様に許されるというのだ。しかし本来なら人の罪は贖宥状ではなく、神の恵みによってのみ許されるはずだ。これは教会の金儲けではないのか。そういったことに疑問を持った人々のひとりがマルティン・ルターだった。

美術に牙をむくサヴォナローラの出現

オルヴィエート大聖堂の《最後の審判》壁画連作のひとつ。キリストそっくりだが悪魔に操られる「アンチ・キリスト」はサヴォナローラの暗喩との説がある。シニョレッリはミケランジェロに影響を与えたともされる画家。

《アンチ・キリストの説法と行い》
ルカ・シニョレッリ　1499〜1502年
オルヴィエート大聖堂サン・ブリツィオ礼拝堂(イタリア)

おめでたい生誕の場面に
通常は描かれない
悪魔の姿が

本作はサヴォナローラの処刑後に描かれた。それまでの異教的な華やかで甘い表現は影を潜め、キリスト降誕の主題では通常描かれない悪魔などのモチーフが登場する。不穏な政情を反映したかのような表現だ。

《神秘の降誕》　サンドロ・ボッティチェッリ
1500年　ロンドン・ナショナル・ギャラリー

ルターは聖人に近い扱いを受け、クラナッハが量産した肖像画も彼の名声を広めた。ルターはクラナッハに夫妻での肖像画も依頼している。聖職者の婚姻を禁止する決まりに異議を唱えたルターの矜持が伺える。

《マルティン・ルターの肖像》
ルーカス・クラナッハ（父）　1529年
ウフィツィ美術館、フィレンツェ

14

ルターと宗教改革

プロテスタントの台頭とイギリス国教会の成立

宗教美術を得意としたホルバイン（子）は宗教改革が盛んなスイスのバーゼルで偶像が忌避されたためイングランドに移り、肖像画家として活躍する。足元の歪んだ頭蓋骨に「死を想え（メメント・モリ）」とのメッセージが込められる。

《大使たち》
ハンス・ホルバイン（子）　1533年
ロンドン・ナショナル・ギャラリー

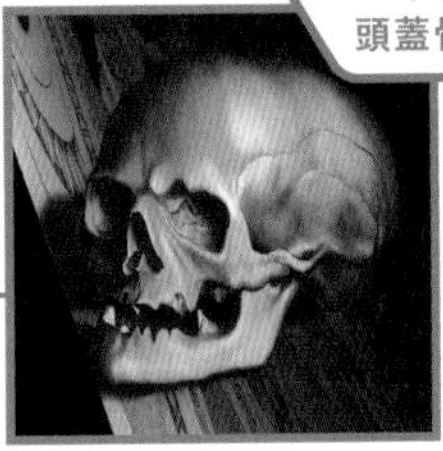

宗教改革のきっかけとなった教皇レオ10世の贖宥状が、お膝元のローマではなくドイツで売り出されたのには理由がある。当時、ドイツはローマ教皇庁の財源として搾取されていたのだ。例えばカール5世が神聖ローマ帝国皇帝選挙に勝った、その軍資金の出所のひとつは鉱山利権で莫大な富を得たドイツのフッガー家だ。そんな背景からドイツでは教皇への反感が広がっていた。

1517年、マルティン・ルターがヴィッテンベルク城教会の門に質問状を貼り出す。ルターはキリスト教の民主化を目指して一部の人しか読めなかったラテン語の聖書をドイツ語に翻訳。ドイツ語の賛美歌も作詞し、妻帯が禁じられていた聖職者であるにもかかわらず結婚もした。

彼は純粋に神学的な立場から贖宥

宗教改革の波に乗る北方の画家たち

16世紀半ばのフランドル地方で宗教改革者が行っていた野外説教を洗礼者ヨハネの姿で描いたとされる。パノラマ状の風景と群衆という彼得意の構図だ。異国風の服の旅人を含め、200人以上の人々が聞き入る。

《洗礼者ヨハネの説教》
ピーテル・ブリューゲル1世
1566年　ブダペスト国立美術館

宗教改革者の野外説教を
聖書の登場人物に
置き換えて描写

状に疑念を呈したのであり、革命を起こす意志はなかったが、賛同者は多かった。プロテスタント（抵抗者）と呼ばれた彼らの勢いは１５４６年にルターが没した後も衰えず、55年、カール5世の弟フェルディナント大公との間にカトリックとプロテスタントの和解案「アウクスブルク宗教平和令」が結ばれた。

　この頃スイスではカルヴァンが「予定説」によって宗教改革を進めていた。人は必ず罪を犯すものであり、神に救われるか否かは「予定」されているが、それぞれの職業や生活に禁欲的に邁進《まいしん》することで報われるというものだ。

　一方、イングランドでは独自の宗教改革が進む。国王ヘンリー8世と妻キャサリンとの間には男子が育たなかった。その間、愛人のアン・ブーリンが妊娠したためカンタベリ大司教の法廷に訴え、キャサリンとの結婚の無効とアンとの結婚が認められた。教皇はヘンリー8世を破門、イングランド国教会が成立した。

15

ルネサンスの闇

魔女狩り、先住民の奴隷化、インフレによる経済危機

砂漠で清貧な隠遁生活を送る聖アントニウスが主題。盃を手に彼を誘惑する中央の女性は、足元から鳥の爪がのぞく魔物だ。テニールスは17世紀のアントウェルペンを代表する画家。魔物や魔女は彼の想像力の賜物だ。

《聖アントニウスの誘惑》
ダフィット・テニールス（子）
17世紀　国立西洋美術館、東京

17世紀絵画では
女性の姿をした悪魔が
度々登場

バロック様式と
融合したボリビアの
「メスティソ様式」

銀山で栄え、17世紀南米の最大都市だったポトシの聖堂は土着色の強い「メスティソ様式」建築の代表例。スペイン人が持ち込んだバロック様式と、インカの伝承とも関わる民俗楽器や人魚などのモチーフが融合する。

《サン・ロレンソ聖堂》
16世紀半ば建造／18世紀改築　ポトシ（ボリビア）

この時代は暗黒の時代ともいわれる。この表現は必ずしも正確ではないが、闇があったのは確かだ。そのひとつが異端審問だ。悪魔崇拝などの疑いをかけられた者は秘密裏に尋問される。異端審問所は美術についても審議を行った。ヴェロネーゼの《最後の晩餐》は華美に過ぎるとして《レヴィ家の饗宴》と画題を変え、ミケランジェロの《最後の審判》も裸体が猥褻《わいせつ》だとして腰巻きが付け加えられた。

　また16～17世紀のヨーロッパ各地では「魔女狩り」が盛んに行われる。魔女とは悪魔の手先となった女性であり、夜な夜なサバト（集会）に集って神への冒涜行為や乱交を行うという。彼女たちの多くは無実だが密告によって告発され、審問において魔女であることが確定すると火あぶ

罪のない人々を責め苛む異端審問

19世紀まで根強く続いた
異端審問の
理不尽さを告発か

異端審問による罪人であることを示す三角帽をかぶらされた４人はうなだれ、人々が取り囲む。ゴヤ自身も《裸のマハ》《着衣のマハ》に関して異端審問所から出頭命令を受けたが、なぜか処罰はされていない。

《異端審問》 フランシスコ・デ・ゴヤ 1808～12年
サン・フェルナンド王立芸術院、マドリード

りや絞首刑に処せられる。科学が発達していない当時、伝染病や飢饉を引き起こす気候変動などの厄災は悪魔や魔女の仕業と考えられていた。

16世紀のヨーロッパは百年間で物価がほぼ5倍になる経済危機にも見舞われた。理由のひとつは１５４５年に南米ポトシ（現ボリビア）で銀の大鉱脈が発見されたことだ。スペインは大西洋航路を通じて大量の銀を輸入する。さらにこの百年間で人口が倍増したため食糧が不足する。しかし人は余っているから、賃金は伸び悩む。こうして「価格革命」とも呼ばれるインフレが起きた。

またスペインやポルトガルは南米で現地の先住民インディオを労働力として使役し始めた。彼らは人権のない奴隷だった。ヨーロッパから持ち込まれた伝染病によって急激にインディオの人口が減ったため、アフリカ大陸から奴隷を南米に送り込むようになる。手足を鎖でつながれ、隙間なく詰め込まれるなど奴隷船での扱いは過酷なものだった。

16 共和政の放棄とルネサンスの終焉

フィレンツェは共和政から君主政へ移行

《フォンテーヌブロー宮殿》 16世紀完成 フランス

フィレンツェ出身のロッソは、晩年はフランスでフォンテーヌブロー宮殿装飾の監督を務め、同郷の画家を集めた。彼らの中にはサヴォナローラを信奉し、メディチ家に反感を抱く者も少なくなかった。

《ダナエ》 ロッソ・フィオレンティーノ、プリマティッチオ
1530〜40年 フォンテーヌブロー宮殿フランソワ1世のギャラリー（フランス）

これまで見たように14世紀末から16世紀前半のイタリアは小国に分かれ、戦乱のさなかにあった。特にイタリア北部では力のある都市国家が周囲の都市国家を〝併合〟し、領域国家と呼ばれる国々を形成する。このうちフィレンツェ共和国では銀行業で財を成したメディチ家が、ミラノ公国ではヴィスコンティ家に婿入りした傭兵隊長フランチェスコ・スフォルツァが国を治めていた。彼らは血統や法ではなく実力や財力で権力の座に就いた僭主《せんしゅ》だ。だが、フィレンツェではメディチ家と反メディチ家勢力との間でめまぐるしく権力が行き来した後、教皇がコジモ1世にトスカーナ大公の称号を与え、共和国から君主国トスカーナ大公国が生まれる。

この頃ルネサンス美術は古典主義

歪みや誇張に美を見出したマニエリスム

洗練された表現を
優先する一方で、構図は
ますます不安定に

十字架が描かれず、地面に影はあるが人物は浮いているよう。抱きかかえられるイエスはミケランジェロの《ピエタ》〔119頁〕も思わせる。ポントルモはメディチ家と深い関わりを持ち、同家の人々の肖像画も多く手がけた。

《十字架降下》
ヤコポ・ダ・ポントルモ　1525〜28年頃
サンタ・フェリチタ教会、フィレンツェ

引き延ばされた首も指も優美だが、眠る幼児イエスには生気がなく、暗い運命を暗示する。遠近法は無視され、右端の預言者は極端に小さい。パルミジャニーノはローマ劫掠で同地を離れ、各地にマニエリスムを伝播させたひとり。

《長い首の聖母》
パルミジャニーノ　1534〜40年
ウフィツィ美術館、フィレンツェ

人体表現は不自然でも
聖母の優美さが
不思議と際立つ

に基づく合理主義、写実主義から離れてよりドラマチックで主観的な表現へと進みつつあった。「マニエラ」（様式、手法）という語から「マニエリスム」と呼ばれるこのスタイルは、ミケランジェロの誇張した人体表現などが源流だ。ポントルモやパルミジャニーノ、ブロンツィーノらが現実にはあり得ない人体の比率や空間、色彩による絵画表現を展開する。

一方、イタリアやハプスブルク家へのライバル心を燃やしていたフランスのフランソワ1世は、フランスを領域国家から中央集権国家体制へ変えるという野望にも燃えていた。彼は王のシンボルとしてフォンテーヌブロー宮殿の改築を始める。そのためにイタリアからマニエリスムの画家、ロッソ・フィオレンティーノとフランチェスコ・プリマティッチオを招いた。彼らの指揮の下、多くの画家たちが「フランソワ1世のギャラリー」の装飾に携わる。彼らは後にフォンテーヌブロー派と呼ばれるようになった。

EARLY MODERN LIFE IN ART

美術で見る近世の生活

暮らし方は中世の延長線上にあるが、新大陸からの恩恵を享受。

病や飢え、戦乱——死と隣り合わせの日々

この時代はペストや天然痘が大きな影を落とした。人々は病を恐れながらも「病人を救うことはイエスを救うことである」という聖書の教えに従い、救済のために努力する。王侯貴族や裕福な人の中には施療院や病院を作り、病人や体の弱った巡礼者を保護する者もいた。しかし肝心の医療技術は未熟で、外側から観察するだけで瀉血《しゃけつ》（悪い血を抜く）するといった、現代から見ると野蛮な医療が行われていた。

また17世紀半ばから19世紀半ばにかけてヨーロッパは寒冷期や戦乱に見舞われる。この危機を乗り切る

メメント・モリ

現世での善き行いを促すため地獄絵を盛んに制作

煉獄や地獄を表す場面。獣の口に詰め込まれる死者など、ボス〔120頁〕を予告する奇想の表現だ。この頃は教会が「善く生き、善く死ぬこと」を説いたため、いかに死ぬべきかを解説した『往生術』などがベストセラーとなった。

現世で罪を犯した者は
地獄の業火で焼かれる

『カトリーヌ・ド・クレーヴの時祷書』より《地獄の口》
1440年頃
モルガン・ライブラリー、ニューヨーク

《聖ヨハネの祭壇画》（外翼）
ハンス・メムリンク　1474～79年
メムリンク美術館（旧聖ヨハネ施療院）、ブルージュ

病の救済

祭壇画にはしばしば病を癒す聖人たちが描かれた

貧しい病人を受け入れる慈善病院で働く修道士・修道女の注文による。聖母子（内翼）を中心に病を癒やす聖人や罪のとりなしをする聖人、注文主、薬草が描かれる。祈りによって苦痛を和らげようとの思いが込められる。

ことができたのは、大航海時代の1570年頃、スペインに持ち帰られた南米原産のジャガイモのおかげだった。大航海時代にはこのほかにチョコレートの原料であるカカオなど、それまでヨーロッパになかった食材が普及する。

こうした病や飢えに限らず、避けることのできない「死」については「カルペ・ディエム」と「メメント・モリ」という2つの考え方があった。前者は「今日を摘め」となり、「今日の花を摘め」と解釈されて、いずれ死ぬのなら現世を楽しめという意味になる。「死を想え」と訳される後者は「人は必ず死ぬものであり、現世での贅沢はむなしいものだ」という教訓が込められた。

死と並ぶ大イベントである結婚には、12世紀頃からキリスト教の倫理観に基づいて一夫一婦制や貞潔を守ることが求められるようになる。だが、有力者の家庭では政略結婚が普通であり、当事者、特に女性の意思はあまり尊重されなかった。

結婚

家系存続を第一に考える政略結婚が当たり前の時代

カッソーネとは長持ちのこと。通常は夫婦の寝室に置かれ、「スザンナの水浴」など男女が登場する聖書画・神話画が描かれる。子孫繁栄を願ってか、蓋の裏にポルノグラフィ的な絵が描かれることもあった。

《テティスとペレウスの結婚》(部分)
バルトロメオ・ディ・ジョヴァンニ
1490〜1500年　ルーヴル美術館、パリ

子孫繁栄の願いを込めた
ルネサンス期の
嫁入り道具

《カッソーネ》 15世紀　個人蔵

《海から望むドゥカーレ宮殿》 8世紀創建／16世紀完成　ヴェネツィア

東西交易

今なお壮麗な姿を見せる宮殿はかつての地中海貿易で得た富によるもの

アジアからの地中海の入口だったヴェネツィアは胡椒などの交易による富で栄えた。ドゥカーレ宮殿などヴェネツィアの壮麗な館やヴェネツィア・ルネサンスの画家の祭壇画などは、この富によるものだ。

Chapter

4

近代

市民革命の
時代

THE AGE OF
PEOPLE'S
REVOLUTION

《フォリー＝ベルジェールのバー》
〔178頁〕エドゥアール・マネ

THE AGE OF PEOPLE'S REVOLUTION

啓蒙思想、産業革命、フランス革命——転換点を迎える西洋世界

現代の日本をはじめ世界の主要各国では政教分離の原則が採用されているが、源流はルネサンスと同等の歴史上の大事件、宗教改革にある。キリスト教は大きくカトリックとプロテスタントの２つに分かれ、それに応じて各国王室の関係性にも変化が生じた。ハプスブルク家、フランス王朝、イギリス王朝など王侯貴族が入り乱れてヨーロッパでは断続的に戦争が続く。この混乱は１６４８年のウェストファリア条約によっていったんリセットされた。オランダは連邦共和国として独立し、宗教が国家から分離され、この後は国家間のパワーバランスによって情勢が動いていく。

またアジアとの交易を目指して大航海時代が始まり、南米大陸との交易も活発化する。主に南米からの銀や食材が富をもたらし、ヨーロッパ経済の重心はイタリアからスペイン・ポルトガルに移った。

戦争や大航海時代によって、王や貴族など支配階級の中には財政難に陥る者もあった。その一方で交易により力を持つ市民も出てくる。フランス革命は専制政治から近代的な民主主義に向けた動きの第一歩だ。アメリカは独立、イギリスでは産業革命が起き、社会構造が変化していく。

この時代の芸術はバロック、ロココ、新古典様式、ロマン主義、印象派とめまぐるしく変わっていく。政治に巻き込まれる、あるいは積極的に関与する芸術家もいる。教会、王、貴族、市民——誰が権力を得るのか、その闘争が激しければ激しいほど、人々はもちろん、芸術家もその影響からは逃れられないのだ。

Chronology of Modern Times

絶対王政と市民階級の台頭を経て各地での動乱が激化

1545AD → 1879AD

1545
- トリエント公会議(〜63)

対抗宗教改革〔142頁〕

1549
- ザビエル来日、キリスト教伝来

1562
- フランスでユグノー戦争(〜98)

1568
- オランダのスペインへの反乱が始まる(八十年戦争・〜1648)

オランダ ─ 真の市民社会の誕生〔144頁〕

1572
- フランスでサン・バルテルミの虐殺

1581
- オランダ、スペイン国王廃位令

1584
- イギリス、ヴァージニア植民地建設

1585
- 日本の天正遣欧少年使節、教皇に謁見

1588
- スペイン無敵艦隊、イギリス艦隊に敗北

1598
- アンリ4世〈仏〉、ナントの王令発布

1600AD

1600 • イギリス、東インド会社設立

1602 • オランダ、東インド会社設立

1613
- ロシアでロマノフ王朝成立(〜1917)

1618
- 三十年戦争(〜48)

内乱の17世紀〔152頁〕

1621 • フェリペ4世〈西〉即位

1625 • チャールズ1世〈英〉即位

1642 • イギリスでピューリタン革命

イギリス革命〔146頁〕

1643 • ルイ14世〈仏〉即位

1648
- フランスでフロンドの乱(〜53)
- ウェストファリア条約成立、三十年戦争終結
- フランス王立絵画彫刻アカデミー設立

1649
- チャールズ1世処刑、クロムウェルの独裁開始(〜58)

1651
- イギリスで航海法成立
- ホッブズ『リヴァイアサン』

1652
- 第一次英蘭戦争(〜54)

大航海時代の第二ステージと英蘭戦争〔148頁〕

1661
- ルイ14世、親政開始

太陽王のフランス〔150頁〕

絶対王政とバロック美術〔154頁〕

アカデミーとグランド・ツアー〔162頁〕

1688
- イギリス名誉革命(〜89)

1700AD

1701
- スペイン継承戦争(〜13)

1733
- ジョン・ケイ、飛び杼《ひ》発明

産業革命と大英帝国〔164頁〕

1740
- マリア・テレジア〈墺〉即位。オーストリア継承戦争(〜48)

宮廷文化とロココ美術〔156頁〕

西欧諸国のアジア進出〔158頁〕

1748
- ポンペイ発掘
- モンテスキュー『法の精神』

思想家の世紀〔160頁〕

美術館の公開と発展〔174頁〕

1751
- ディドロら『百科全書』編纂(〜72)

1755
- 北米でフレンチ・インディアン戦争(〜63)

1756 • 七年戦争（〜63）

1762
• エカテリーナ2世〈露〉即位
• ルソー『社会契約論』

1769 • ワット、蒸気機関を改良

1773 • ボストン茶会事件

1775
• アメリカ独立戦争
（翌、アメリカ独立宣言）

アメリカの独立〔166頁〕

1789
• フランス革命。『人権宣言』採択

フランス革命〔168頁〕

• ワシントン〈米〉、初代大統領就任

1793
• ルイ16世〈仏〉処刑
• 第1回対仏大同盟

1795 • フランスで総裁政府樹立

1798 • ナポレオン、エジプト遠征

1800AD

1804 • ナポレオン1世〈仏〉即位

ナポレオンの台頭〔170頁〕

1806 • ナポレオンの大陸封鎖令

1808 • スペイン反乱（〜14）

1814
• ナポレオン、エルバ島へ流刑
• ウィーン会議（〜15）

動乱のヨーロッパ〔172頁〕

1815
• ナポレオンの百日天下
• ワーテルローの戦い

1830
• フランス七月革命。オルレアン朝成立（〜48）

1848
• フランス二月革命、六月蜂起の後、第二共和政成立
• マルクス・エンゲルス『共産党宣言』

社会主義とロマン主義〔176頁〕

1851
• ロンドンで第1回万国博覧会

万博と異国趣味〔180頁〕

1853
• パリ改造計画開始（〜70）

近代国家の成立〔178頁〕

1870
• 普仏戦争（〜71）

世紀末の諸相〔182頁〕

1879 • エディソン、電灯発明

内乱と覇権争いが激化する近代のヨーロッパ

1 対抗宗教改革

カトリックの復権とバロック美術の誕生

マルティン・ルターの質問状に端を発した宗教改革の勢いは衰えない。カトリックは指をくわえて見ているわけにはいかない。プロテスタントに対抗すべく内部改革を行う。この一連の動きが「対抗宗教改革」だ。1545年から63年にかけて断続的に開かれたトリエント公会議はそのひとつだ。この会議では宗教改革の発端となった贖宥状の販売を禁止し、教義を厳格に守ることなどが定められたが、プロテスタントの教会では装飾が排されたのに対して、信仰のために美術を活用することも定められた。教皇のお膝元ローマは大々的に再整備される。一説には16世紀だけで54の教会が建てられたといわれている。華やかな絵画や彫刻で飾られたローマはカトリックのプロモーション都市となった。

「無原罪の御宿《おんやど》り」とは人間である聖母が生まれながらにして原罪を免れていたという教義。昔から聖母信仰が盛んなスペインのアンダルシアで活躍したムリーリョは、三日月を踏む無垢な少女のイメージを量産した。

マリア称揚のプロパガンダ図像として流行

《無原罪の御宿り》
バルトロメ・エステバン・ムリーリョ　1660～65年
プラド美術館、マドリード

本作が納められているサンタゴスティーノ聖堂はローマ巡礼の中継地点

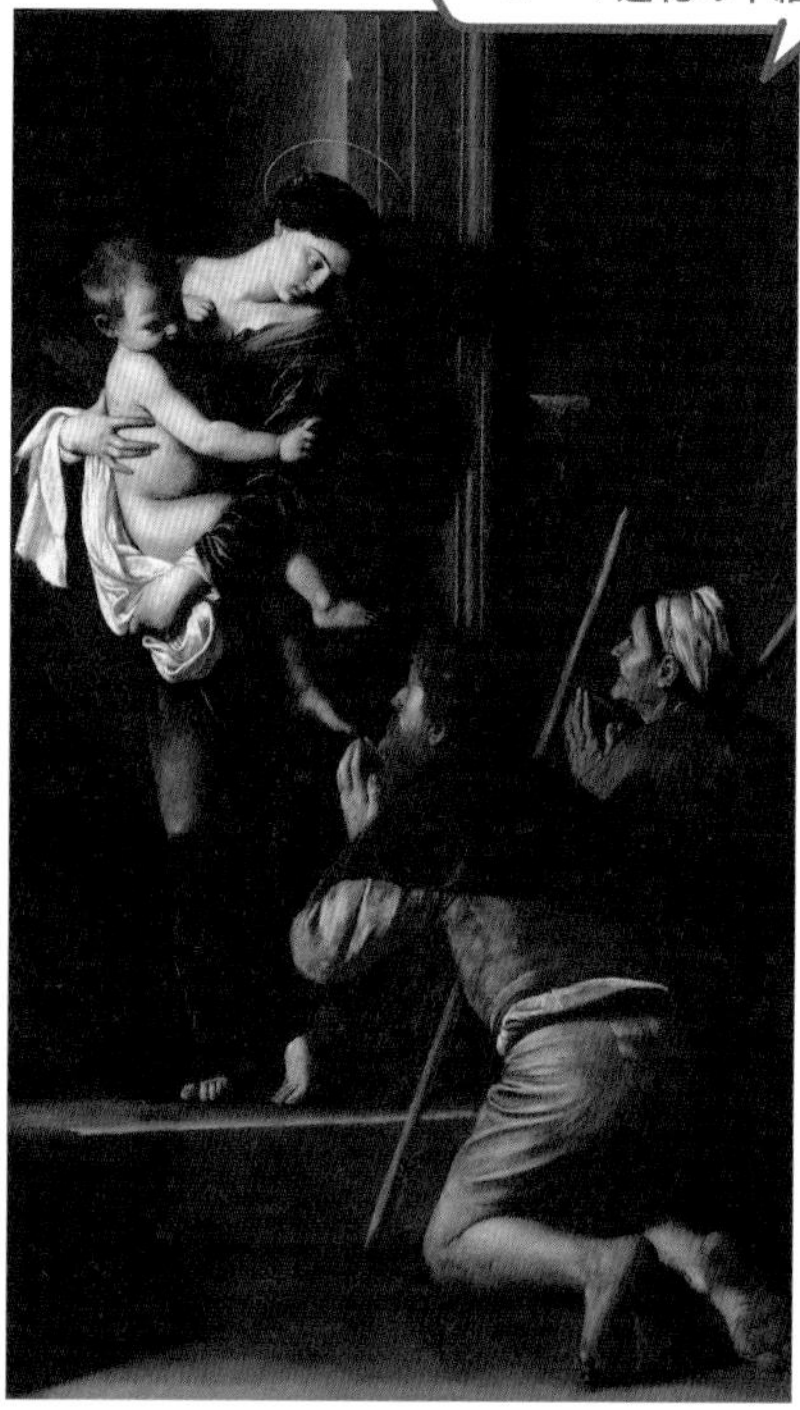

ロレートという街に聖母が顕現したという伝承を描く。聖母子を拝む貧しい巡礼者たちの足の裏の汚れまで描き、あたかも自分たちの目の前でこの奇跡が起きているかのようなイリュージョンを演出する。

《ロレートの聖母》
ミケランジェロ・メリージ・ダ・カラヴァッジョ
1603～05年頃　サンタゴスティーノ聖堂
カヴァレッティ礼拝堂、ローマ

信仰心を高める 過剰な演出と劇的な明暗表現

心臓を天使の矢で射抜かれるという16世紀スペインの聖女の幻視を表す。体の重みや服の襞の表現、自然光で輝く黄金の管、壁から彼女を見つめる寄進者など、礼拝堂全体が舞台と客席のようなドラマチックさだ。

《聖テレサの法悦》 ジャン・ロレンツォ・ベルニーニ 1645〜52年
サンタ・マリア・デッラ・ヴィットーリア聖堂コルナーロ礼拝堂、ローマ

聖女テレサの表情や弛緩した手足の表現はまさに神業。

ヴェネツィアのコルナーロ家の人々が奇跡を見つめる。

これらの美術は後にバロックと呼ばれることになる。「歪《ゆが》んだ真珠」を語源とする、変わったもの、奇妙なものといったニュアンスの言葉だ。

バロック美術は大衆にカトリックの素晴らしさをわかりやすく伝えるため、劇的で濃密な表現が特徴だ。登場人物たちは時に大げさとも思える身振りで激情を伝える。初期バロック絵画ではカラヴァッジョとアンニーバレ・カラッチの2人がその動きを牽引した。特にカラヴァッジョによる、大画面の闇に光が差し込む構図や生々しい写実主義は評判となり、「カラヴァッジェスキ」と呼ばれる多くの追随者を生む。彼は聖人を世俗的な情景で描き、宗教のドラマをよりリアルに感じさせた。

彫刻の分野では激しい感情を露わにするベルニーニの彫刻が賞賛された。大理石で衣服の複雑な襞《ひだ》や人間の柔らかい皮膚の質感を表す技は驚異的だ。中でも殉教の痛みなどを喜びと感じる「法悦《ほうえつ》」と呼ばれる表情では他の追随を許さなかった。

オランダでは17世紀半ばに歴史画から風景画に好みが変化した。干拓で国土を建設した背景から水辺の絵も多く、ここでも土を留める杭や水車が描かれる。作者は低い地平線と大空の組み合わせを得意とした。

《ワイク・バイ・ドゥールステーデの風車》
ヤーコプ・ファン・ロイスダール
1668〜70年頃　アムステルダム国立美術館

2

オランダ ―真の市民社会の誕生

独特の風土と文化がもたらした オランダの黄金時代

１５６８年から支配国スペインの弾圧に耐えかねたオランダの貴族や市民が蜂起し、八十年戦争と呼ばれる反乱が始まった。文字通り80年続いた戦争はいくつかの講和条約を経て１６４８年に終結、オランダは７州の連邦共和国となる。

八十年戦争のさなかの１５８５年、アントウェルペンがスペインの焼き討ちに遭う。ネーデルラントでは元々南方のブルッヘ(ブリュージュ)、へントといった今のベルギーを中心にした地が栄えていたが、商人や毛織物の職人たちはアムステルダムなどへ逃げ出し、商業の中心はネーデルラントの南から北に移った。

この独立前からオランダは漁業、造船、織物工業、海運などで「黄金の17世紀」を謳歌していた。オランダで広まっていたカルヴァン派が信

オランダ絵画は市井の人々や風景が主役

画料を多く支払った人が大きく描かれ、少ない人はそれなりに

《手紙を読む青衣の女性》
ヨハネス・フェルメール
1663年頃
アムステルダム
国立美術館

聖書第一主義のため階級・性別を問わず読み書きができた

裕福な市民階級の日常を描いたフェルメール。他作でも登場する手紙はオランダの郵便制度の整備と識字率の高さを表す。独特の光や写実性は改良が進んだカメラ・オブスクラによるものとの説もある。

当時流行した集団肖像画のひとつで、アムステルダムの市民隊組織「火縄銃手組合」の人々を描く。レンブラントは個々人を平等に扱わず、メンバー以外の人物も付け加えて物語を想起させる画面に仕立てた。

《夜警》
レンブラント・ハルメンスゾーン・ファン・レイン　1642年
アムステルダム国立美術館

仰を重んじ、謙虚に生きていれば金儲けや商売も遠慮しなくていいという立場をとったのも経済成長に寄与した。富を背景に貴族だけでなく市民も豊かな暮らしを楽しみ、こぞって絵画を買い求める。フェルメール、ヤン・ステーンらの室内画にはよく、壁に小さな絵が描き込まれる。オランダを訪れた人は市場や祭りで絵画が売られているのに驚いたという。

市民に人気があったのは風景画と風俗画だ。それまで風景は宗教画や歴史画の背景となることが多く、風景だけ独立して描かれることはまれだった。「世界は神がつくったが、オランダはオランダ人がつくった」。この言葉通り、オランダでは11世紀から始まったという干拓事業によって作り上げられた国土に誇りがあり、ほかにはない特徴的な風景がある。温かい家族の交流や台所の食材、室内で音楽を楽しむ光景など、身近な風俗画は宗教画より親しみやすい。17世紀オランダ絵画は市民たちによって育てられた。

3 イギリス革命

王政と共和政がせめぎ合う 17世紀英国の内乱

肖像画でスペインに対するイギリスの強大さを誇示

アルマダ海戦の勝利を祝って描かれた肖像画。左上に海戦の様子を、右上に難破するスペイン艦隊を描く。豪華な衣装の女王の手は地球儀の北米をおさえ、進出への意欲を示す。

《エリザベス1世》
逸名のイギリス派画家
1588年頃
国立海洋博物館、ロンドン

陸上の風景だけでなく海洋風景画も盛んに描かれたオランダの画家によるアルマダ海戦の様子。ファン・ウィーリンゲンは船や海に関する知識を活かし、パノラマ状の画面に船などを精緻に描き込むのを得意としていた。

《イングランド沖の無敵艦隊》　コルネリス・クラース・ファン・ウィーリンゲン
1620〜25年頃　アムステルダム国立美術館

イギリスのエリザベス1世はプロテスタントとカトリックの対立を煽ることなく舵取りを進め、外交にも手腕を発揮した。1588年、スペインの無敵艦隊が攻め込むが、イギリス艦隊は勝利を収める。この「アルマダ海戦の勝利」は版画やエリザベス1世の肖像画などで繰り返し描かれた。

　エリザベス1世が1603年に世を去るとジェームズ1世が、続いて25年、その子のチャールズ1世が即位する。彼も父と同様に王権神授説を唱え、議会の開催を拒み、資金調達のため増税などの処置を行って反発を招いた。42年、チャールズ1世は反国王派を鎮圧しようと内戦を始める。対する議会軍からはオリヴァー・クロムウェルが台頭し、49年にチャールズ1世を裁判にかけ、49年に斬首

王位を維持するのも命がけの英国君主たち

在位期間わずか9日間。
新旧宗派の犠牲になった
16歳の女王

プロテスタントだったジェーン・グレイは1553年に王位に就くが、カトリックのメアリ１世により処刑される。新旧キリスト教の対立はピューリタン革命に至るまでイギリス王室を揺さぶり続けた。

《レディ・ジェーン・グレイの処刑》
ポール・ドラローシュ　1833年
ロンドン・ナショナル・ギャラリー

当代一の肖像画家が
描いた絶対君主の
優美な姿

《狩り場のチャールズ１世》
アントン・ファン・ダイク
1635年頃　ルーヴル美術館、パリ

森の一角で従者と馬を従え、狩猟服を着たチャールズ１世。ファン・ダイクはモデルの服はもちろん、背景や小道具、ポーズにも気を配り、現存するチャールズ１世の肖像画だけで十余点ある絵に変化をつけた。

によって処刑してしまう。この一連の出来事はイギリス革命、または革命派に清教徒が多かったため「ピューリタン革命」と呼ばれる。

クロムウェルが樹立した共和国政治はピューリタニズムに基づく禁欲的なものだった。軍事独裁的なクロムウェルの政治は１６５８年に彼が病没するとまもなく終わりを告げた。60年に亡命先のフランスからチャールズ1世の子、チャールズ2世が帰国して王政復古となる。

エリザベス1世はイメージ戦略として自身をギリシャ神話の女神になぞらえた絵画や、大量生産できる版画や書物の挿絵を駆使して人心を掴んだ。ルーベンスの弟子、アントン・ファン・ダイクはイングランド宮廷の「国王夫妻の常任主席画家」となる。ファン・ダイクは下からの構図で背を高く見せたり、いい表情をとらえるなど、実際より優雅で美しく見えるように描いた。彼の巧みなビジネスセンスは好評を博し、注文が殺到したという。

奴隷制度の残酷な結果を描いた衝撃作

産業革命を推進した奴隷制だが、イギリスでは他国に先駆けて奴隷制廃止運動が高まった。この絵は船外に投げ出された死者や死にかけた奴隷を描いたもの。イギリスの負の歴史を表すとして発表当時は酷評された。

《奴隷船》
ジョセフ・マロード・ウィリアム・ターナー
1840年　ボストン美術館

4 大航海時代の第二ステージと英蘭戦争

アジア交易の拡大を巡るイギリスとオランダの対立

オランダ東インド会社の商魂に火をつけた日本の陶磁器の美

オランダでは1595年以降、アジア貿易を目指す会社が次々と生まれ、香辛料などの価格が下がるのを恐れて東インド会社が設立された。写真は日本で輸出用に作られた、オランダ東インド会社のロゴ「VOC」の付いた陶器。

《染付芙蓉手花鳥文 VOCマーク入り皿》
17世紀末〜18世紀初頭

スペイン、ポルトガルが先鞭をつけた大航海の波にオランダとイギリスも続く。黄金時代を迎えたオランダはイベリア半島や地中海へと交易の手を伸ばす。さらに八十年戦争でスペイン・ポルトガルと対立していたオランダは両国との取引を避けるため直接アジアに向かう。1596年にはオランダの船団がインドネシアのジャワ島に上陸、1602年にオランダ東インド会社を設立し、胡椒などスパイスの産地の多くをおさえる。イギリスでは1600年にイギリス東インド会社が設立された。これらの東インド会社はスパイスのほかに中国や日本の陶磁器、インドの美しい綿織物などを輸入している。

　この頃イギリスではピューリタン革命の結果、クロムウェルが指導権

交易の拡大が生んだ負の歴史

1597年、長崎での殉教のシーン。耳をそぐなどの残虐さは西洋の人々を驚かせ、多くの絵や版画が残された。情報が少なかったためか、服や建物などは東洋風とはいえない。フランシスコ会の依頼で制作されたもの。

日本では秀吉の「バテレン追放令」をはじめ迫害が続いた

《日本二十三聖人の殉教》　ジャック・カロ
1627年頃　メトロポリタン美術館、ニューヨーク

キリシタン大名がローマに送った天正遣欧少年使節のひとり。ポルトガル・スペインを経由して1585年にヴェネツィアに立ち寄った彼の肖像画をヤコポ・ティントレットが依頼され、子のドメニコが完成させたとみられる。

天正遣欧少年使節の伊東マンショも弾圧に苦しんだ

《伊東マンショの肖像》　ドメニコ・ティントレット
1585年　トリヴルツィオ財団、ミラノ

を握っていた。彼はライバル視していたオランダ商船を締め出すため、1651年にイギリスと同国の植民地では他国の船籍の船が取引できないようにする航海法を定めた。これを契機にイギリスとオランダが断続的に衝突する英蘭戦争が起こる。

　オランダ、イギリスに比べて相対的に地位が低下したスペインやポルトガルは南米やアジアへの宣教に活路を見出す。1549年、日本にはイエズス会のフランシスコ・ザビエルが上陸、大名たちの間にも信者を増やした。セミナリヨ（神学校）やコレジヨ（学校）が建設され、輸出用に聖母子像をあしらった工芸品なども作られた。しかし、後に豊臣秀吉はキリスト教禁令を出し、江戸時代初期にスペイン・ポルトガル船は来航禁止となる。およそ5万人といわれる日本の信者たちは隠れキリシタンとなった。結果的にヨーロッパ諸国の中ではオランダのみが日本との通商を許され、日本はオランダを通じて世界情勢を知ることになった。

虐殺事件の仕掛け人
カトリーヌ・ド・メディシス

宗教内乱を集結
アンリ4世

《サン・バルテルミの虐殺》
フランソワ・デュボワ
1572〜84年
ローザンヌ州立美術館（スイス）

1572年、ユグノー戦争下でプロテスタントである後のアンリ4世が婚礼時に軟禁される。さらにパリ民兵と民衆がプロテスタントを無差別に殺戮した。プロテスタントだったデュボワはこの事件を目撃後、ジュネーヴに亡命して本作を描いた。

5 太陽王のフランス

ルイ14世の統治下でヨーロッパ最強の大国に

16世紀後半のフランスでは貴族がカトリックとユグノー（カルヴァン派プロテスタント）とに別れてにらみ合っていた。1589年に即位したアンリ4世はユグノーからカトリックに改宗し、さらに98年に制限つきでプロテスタントを認める「ナントの王令」を出して「ユグノー戦争」と呼ばれた宗教内戦を終結させた。

戦乱で荒れた国土と財政を建て直すのもアンリ4世の仕事だった。フランドルからタピスリー（綴織《つづれおり》）技術を輸入し、後の王立ゴブラン製作所の基礎を築く。ルーヴル宮やポン・ヌフ、ヴォージュ広場などを整備した。ルーヴル宮の大ギャラリーには職人や芸術家を住まわせて工房や店を出すことを許可する。自身をユピテルやアポロンなどに似せた肖像画

芸術を保護した王のプロパガンダ戦略

アレクサンドロス大王はダレイオス王を破って家族を捕虜にするが、寛大に扱った。ルイ14世は自らを勝者の美徳に重ね、ル・ブランにアレクサンドロス大王の遠征をテーマにした4点の大作を依頼している。

《アレクサンドロス大王の前のダレイオスの家族》
シャルル・ル・ブラン
1661年　ヴェルサイユ宮殿

タピスリー生産は国家を繁栄に導く一大事業

太陽王のお手本は古代の偉大な君主、アレクサンドロス大王

コルベールは「コルベルティスム」とも呼ばれた重商主義を推進する。特定の会社に貿易やタピスリー、レース、上質毛織物などの生産業を独占させ、莫大な利益を国庫に環流させて国を富ませることが目的だった。

《王立織物工場を訪ねるルイ14世とコルベール》
（シャルル・ル・ブランの下絵）
17世紀　ヴェルサイユ宮殿

を描かせてイメージ戦略にも努めた。

1643年に即位した「太陽王」ルイ14世は軍政を改革、「一国一宗派」政策の下、プロテスタントを迫害する。また重商主義を掲げて国内産業の育成に務めた。財務総監のコルベールに芸術政策を担当させ、王の栄光を広めるプロパガンダを行わせる。政府機能を移転したヴェルサイユ宮殿の改築はその一例だ。「鏡の間」を作り、各部屋にシャルル・ル・ブランがルイ14世を称える装飾を施す。ル・ブランは《アレクサンドロス大王の前のダレイオスの家族》をきっかけに宮廷画家となっていた。

あわせてパリも王のプロパガンダ都市として大改造が施される。ローマからベルニーニを呼んでルーヴル宮を改修させた。テュイルリ宮の改修に加え、ヴィクトワール広場やヴァンドーム広場を建設し、ルイ14世の騎馬像を設置する。サン・ドニ門などには戦争の勝利を祝うレリーフが彫られる。地方にも王の威厳を広める門や騎馬像が造られた。

王侯貴族の肖像制作はルーベンスの一人勝ち

外交官としても活躍したルーベンスは各国の王や宮廷人の肖像画も多く描き、「王の画家にして画家の王」と呼ばれた。本作は4歳8カ月で即位したルイ14世の摂政となった母、アンヌ・ドートリッシュの堂々たる肖像。

《アンヌ・ドートリッシュの肖像》
ピーテル・パウル・ルーベンス　1620〜25年頃　ルーヴル美術館、パリ

6 内乱の17世紀

フランス国内の宗教対立が三十年戦争と民衆蜂起を誘発

《戦争の惨禍》
ピーテル・パウル・ルーベンス
1637〜38年
ピッティ宮殿、フィレンツェ

中央で軍神マルスをヴィーナスが引き止めるが、マルスは画面右下の文化芸術の寓意などを蹴散らして出陣していく。左の黒い服を着て嘆く女性は戦乱で荒廃したヨーロッパを表す。ルーベンス晩年の作。

三十年戦争を体験したからこそ描ける戦争の悲惨さ

1618年、プラハ城の窓から国王顧問官ら3人が窓外に投げ落とされる。ハプスブルク家のフェルディナント国王が進めるカトリック化に反発したプロテスタント教徒による事件だった。これをきっかけに神聖ローマ帝国皇帝はプロテスタント勢力を鎮圧したが、そのことに脅威を感じたデンマーク、スウェーデン、フランスがプロテスタントを擁護するためドイツに兵を送り、この争いは一国内の宗教戦争からヨーロッパ諸国間の戦争へと拡大する。1648年にウェストファリア条約によって講和するまで続いたこの戦争は「三十年戦争」と呼ばれる。
この三十年戦争に参戦したフランスは財政難に陥り、官僚の俸給停止や増税などを発表する。これに反対するパリ民衆が蜂起し、「フロン

荒れる祖国と犠牲者を見つめた画家

三十年戦争の舞台となった
故郷ロレーヌの惨状を
生々しく告発

連作《戦争の悲惨（大）》のうち「絞首刑」と「農家の略奪」。傭兵の軍籍登録、戦闘、略奪、処刑などを描く。カロはルイ13世から戦争記録版画の注文も受けているが、この連作は自主的に制作した可能性もある。

《戦争の悲惨（大）》より〈絞首刑〉
ジャック・カロ　1633年
クリーブランド美術館（アメリカ）

《戦争の悲惨（大）》より〈農家の略奪〉
ジャック・カロ　1633年
アムステルダム国立美術館

ドの乱」が始まった。ウェストファリア条約後も反乱は地方に波及する。最終的に、ルイ14世と摂政だった母のアンヌ・ドートリッシュ、一時国外に逃れていた宰相マザランらがパリに戻ってこの乱は終結した。

マザランは美術コレクターであり、自宅を古代彫刻やラファエッロ、ティツィアーノなどの絵画で飾っていた。アンヌ・ドートリッシュの摂政時代には、後にルイ14世の宮廷画家となったシャルル・ル・ブランが中心となって、王立美術アカデミー（162頁）を設立している。

王たちによる華やかな芸術振興策の裏側で、一連の動乱を冷めた目で記録していたのがジャック・カロだ。晩年の傑作《戦争の悲惨》には兵士の狼藉《ろうぜき》や除隊後の傭兵の貧窮などが描かれる。そこに反戦や抗議の意を読み取る人もいるが、彼の興味は凄惨な暴力とそれにさらされた人々にあったようだ。その一歩引いた視線がかえって、この動乱に振り回された人々の悲惨さを浮き上がらせる。

画中の人物と鑑賞者の視線をつなぐ
スペイン・バロック絵画の金字塔

《ラス・メニーナス（侍女たち）》 ディエゴ・ベラスケス
1656年 プラド美術館、マドリード

ベラスケスがアトリエでフェリペ4世の娘マルガリータを描いている。奥の鏡には国王夫妻が映る。フェリペ4世は実際に度々アトリエを訪れていたという。王女の瞳は絵の手前にいるはずの国王夫妻を見つめる。

7 絶対王政とバロック美術

「王」のための芸術だけでなく「市民」のための芸術も発展

ルイ14世は宰相マザランの死後、宰相は置かずに自ら統治する親政を宣言する。王権神授説に基づき、官僚制を整え、財源を確保するために重商主義をとる。スペインやイギリスでも同様の体制がとられた。この絶対王政下で王の庇護の下、発達したのがバロック美術だ。

フランスに先駆けて絶対王政を樹立したスペインでは1623年、王の肖像画がフェリペ4世に気に入られたのがきっかけでベラスケスが宮廷画家となる。最高傑作《ラス・メニーナス》では絵を観る者が、王の一家を前に画布に向かう画家のいる空間と対峙しているようにさえ感じられる。「絵画とは何か」という命題を突きつけているかのような、美術史の転換点となった作品だ。

フランス中央では古典主義的な絵

絶対君主の庇護の下、巨匠たちが活躍

古代の美術に学び、
他の追随を許さない
ルーベンスの代表作

《キリスト降架》
ピーテル・パウル・ルーベンス　1612〜14年頃
アントウェルペン聖母大聖堂（ベルギー）

イエスの体は《ラオコーン》〔39頁〕を参照したもの。この絵や同じアントウェルペン聖母大聖堂の《キリスト昇架》の人物表現には、ルーベンスがイタリアで見たルネサンス絵画や古代彫刻の影響が見られる。彼のドラマチックな表現は人気を博した。

《悔悛のマグダラのマリア》　ジョルジュ・ド・ラ・トゥール
1635〜37年　ロサンゼルス・カウンティ美術館

画家はカラヴァッジョの影響を受けているが、彼ほど明暗の対比は強くなく、生々しさ、劇的さよりも闇によって画面を整理し、人間の本質を浮かび上がらせる。フランス的な秩序への傾倒が伺える。

が好まれたため、多大な影響を及ぼしたイタリアのカラヴァッジョは主に地方で人気となった。ロレーヌ出身のジョルジュ・ド・ラ・トゥールが描いた「夜の絵画」と呼ばれる作品の多くは、蝋燭など限られた光源に人物が照らし出される構図をとる。

　市民社会が樹立されつつあったオランダでは対抗宗教改革として、主に南部（現ベルギー）でカトリック教会が祭壇画などを注文した。受注者のひとりがイタリアから戻ったルーベンスだ。アントウェルペン聖母大聖堂に置かれた《キリスト昇架》《キリスト降架》はミケランジェロのような力強い人体表現と、明快で劇的な表現で見る者の心を動かす。

　ルーベンスより30歳ほど年少のレンブラントの元にはより力をつけた市民からの注文が多かった。彼が描いた肖像画や集団肖像画の多くは交易などで富を築いた商人たちのものだ。レンブラントはルーベンスの影響を受けつつ、後期には内省的な、人間の深層に迫る絵画を描いた。

8

宮廷文化とロココ美術

ロココ流行のキーパーソンは才知に富む宮廷の女性たち

作者は当時数少ない女流画家。マリー・アントワネットを優美に愛らしく描いて気に入られ、お抱え画家となった。フランス革命によりパリを離れたが、画家自身、その美貌で人気となり、各国の宮廷で活動した。

《マリー・アントワネットと子どもたち》
エリザベート・ヴィジェ＝ルブラン　1787年　ヴェルサイユ宮殿

ヴィジェ＝ルブランは
アカデミー会員として
成功を収めた稀少な女性画家

ルイ15世、16世時代のフランスは気候に恵まれたこともあり、経済発展を遂げた。サロンでの交流や王立美術アカデミーとそれに対抗して設立された聖ルカ・アカデミーなどの美術学校により、フランス美術が花開く。18世紀前半のフランス宮廷でもてはやされた、甘美で華やかなロココ様式はそのひとつだ。

ロココの背景にはキーパーソンとなる女性たちの存在がある。ルイ15世の寵姫《ちょうき》、ポンパドゥール夫人はサロンを開いて文学者たちと語らい、自身の肖像画を描かせている。フランスで始まったロココはドイツやオーストリアでも取り入れられた。ウィーンでハプスブルク家当主として実権を握ったマリア・テレジアはシェーンブルン宮殿を完成させ、居城とする。ロシアではサンクトペテルブ

宮廷人はエロティックな美がお好き

宮廷人の奔放な性の戯れを明るく軽やかに描く

ある宮廷人から「ぶらんこに乗る愛人と、それを覗き見る自分とを描いて欲しい」と注文されたとの逸話がある絵。性を暗示するぶらんこに乗った少女は挑発するように靴を飛ばす。淫靡な題材だが画面は快活だ。

《ぶらんこ》
ジャン＝オノレ・フラゴナール　1767～68年
ウォレス・コレクション、ロンドン

神話を題材にした官能的な表現はロココを代表するものだが、時に退廃的だと批判の対象となった。ロココでは絵画や彫刻を室内装飾の一要素とすることも多く、ブーシェも宮殿を飾る絵画を多く手がけている。

印象派のルノワールもロココの巨匠ブーシェの官能美に学んだ

《水浴の後のディアナ》
フランソワ・ブーシェ　1742年
ルーヴル美術館、パリ

ルクにエカテリーナ2世が絵画などのコレクションを展示するエルミタージュ美術館を設立した。ロシアの領土拡大や地方の行政改革にも功績を残した彼女はフランス語にも堪能で、ヴォルテールら啓蒙思想家たちとも交流している。

　ロココ様式はその前のフランスで流行した古典主義から派生したものだが、より明るく軽やかで装飾的だ。ジャン＝オノレ・フラゴナールの《ぶらんこ》は、ぶらんこに乗った愛人のスカートの中を覗き見するというきわどい場面をあくまでも明るく華のあるタッチで描いて、現世の楽しみをあっけらかんと肯定する。ジャン＝マルク・ナティエはギリシャ神話の神々に仮託した肖像画で人気を集めた。モーリス＝カンタン・ド・ラ・トゥールは短時間で鮮やかな色彩を描き出せるパステル画で評判となる。ジャン＝シメオン・シャルダンはほかの画家とは少し違う、静謐で落ち着きのある静物画や風俗画で独自の世界を築いた。

9 西欧諸国のアジア進出

東西交易が掻き立てる東方への憧れ

鎖国時代に来日し、踏み絵を拒否したガリヴァー

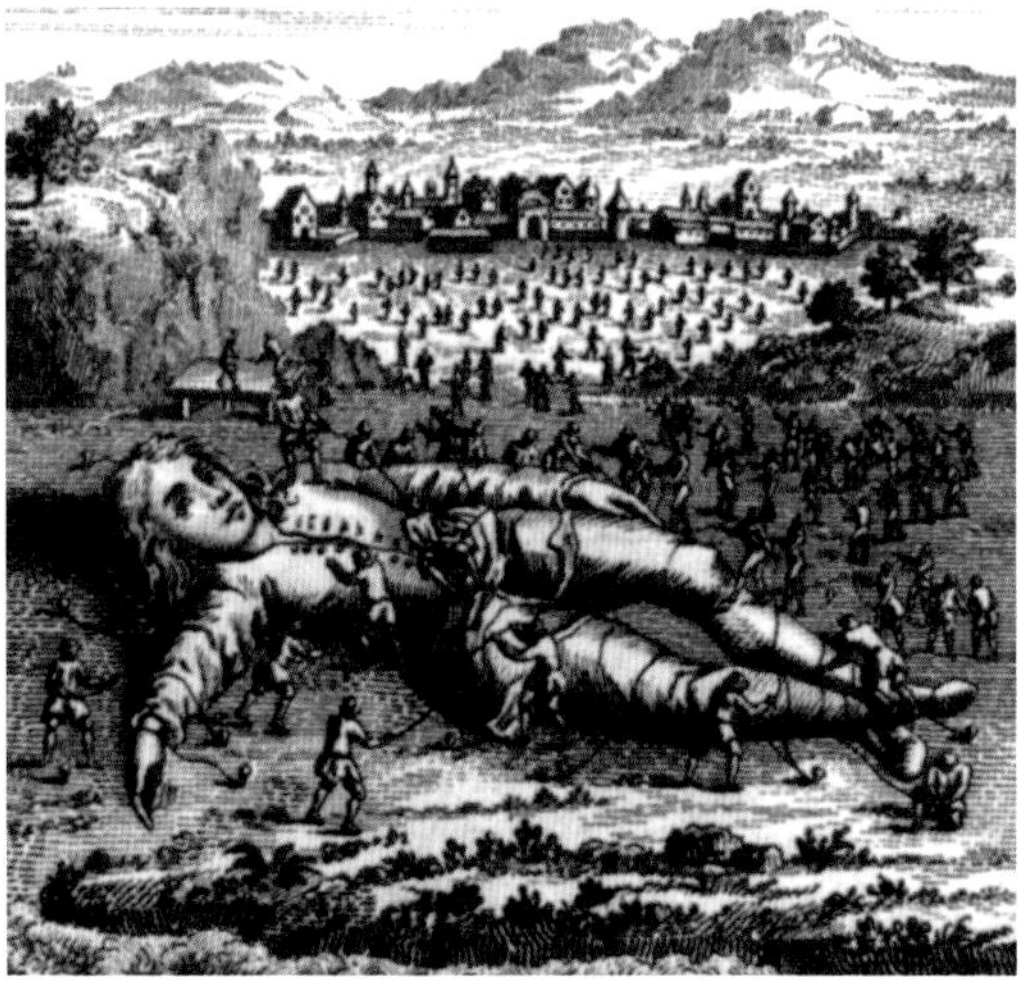

ガリヴァーは架空の国々を旅するが、唯一実在の国である日本が登場する。日本の海賊船に捕らえられる場面があり、作者は鎖国については知らなかったが、「踏み絵はしたくない」との記述から禁教は知っていたようだ。

『ガリヴァー旅行記』
（フランス語訳初版の挿絵）
ジョナサン・スフィフト　1795年

ロココ時代にヨーロッパで生産された磁器には、着物のような服を着て笠をかぶった人物や花鳥画のような絵付けがなされたものなど、中国風の装飾が施されたものがある。椅子の背もたれに透かし模様が入った中国風の家具も作られた。これらはオランダ東インド会社やイギリスがヨーロッパに輸入した磁器や漆細工、絹織物などの工芸品の影響だ。この中国趣味の器物や絵画は「シノワズリー」と呼ばれて、17世紀後半からおよそ1世紀にわたってヨーロッパでブームとなる。

イギリスでは庭園にも中国趣味が現れた。直線で構成されたフランス式庭園とは違っていかにも自然に見える庭園だ。そこに、中国風のあずまや（パヴィリオン）を設置することが流行した。現在のトルコにも好奇の視線が向けられた。オダリスク（「ハーレムの女性」の意）と呼ばれる女性像も描かれる。

マルコ・ポーロ『東方見聞録』のおよそ３００年後にアジアを旅行したオランダ人リンスホーテンは『東方案内記』（１５９６年）で中国の絹織物や磁器を紹介した。ダニエル・デフォー『ロビンソン・クルーソー』の第2部『ロビンソン・クルーソーのさらなる冒険』と第3部『ロビンソン・クルーソー反省録』には高価な中国の絹織物や生糸を購入する場面が登場する。ジョナサン・スウィフトの『ガリヴァー旅行記』では海賊船に捕まったガリヴァーが、日本人は寛容だった、と回想するシーンがある。「東方」を意味する「オリエンタリズム」の流行の下、東への憧れはますます募った。

盛り上がる
オリエンタリズム（東方趣味）

ロココ美術ではトルコと並び中国風の造形も人気だったが、断片的な情報しか入らず、多分に想像が混ざる。衣服、しぐさ、建物、植物、すべてが統一感のないちぐはぐさだが、そこがまた珍重されたのだろう。

《中国の人々》　フランソワ・ブーシェ　1750年頃
ボイマンス・ヴァン・ベーニンゲン美術館、ロッテルダム

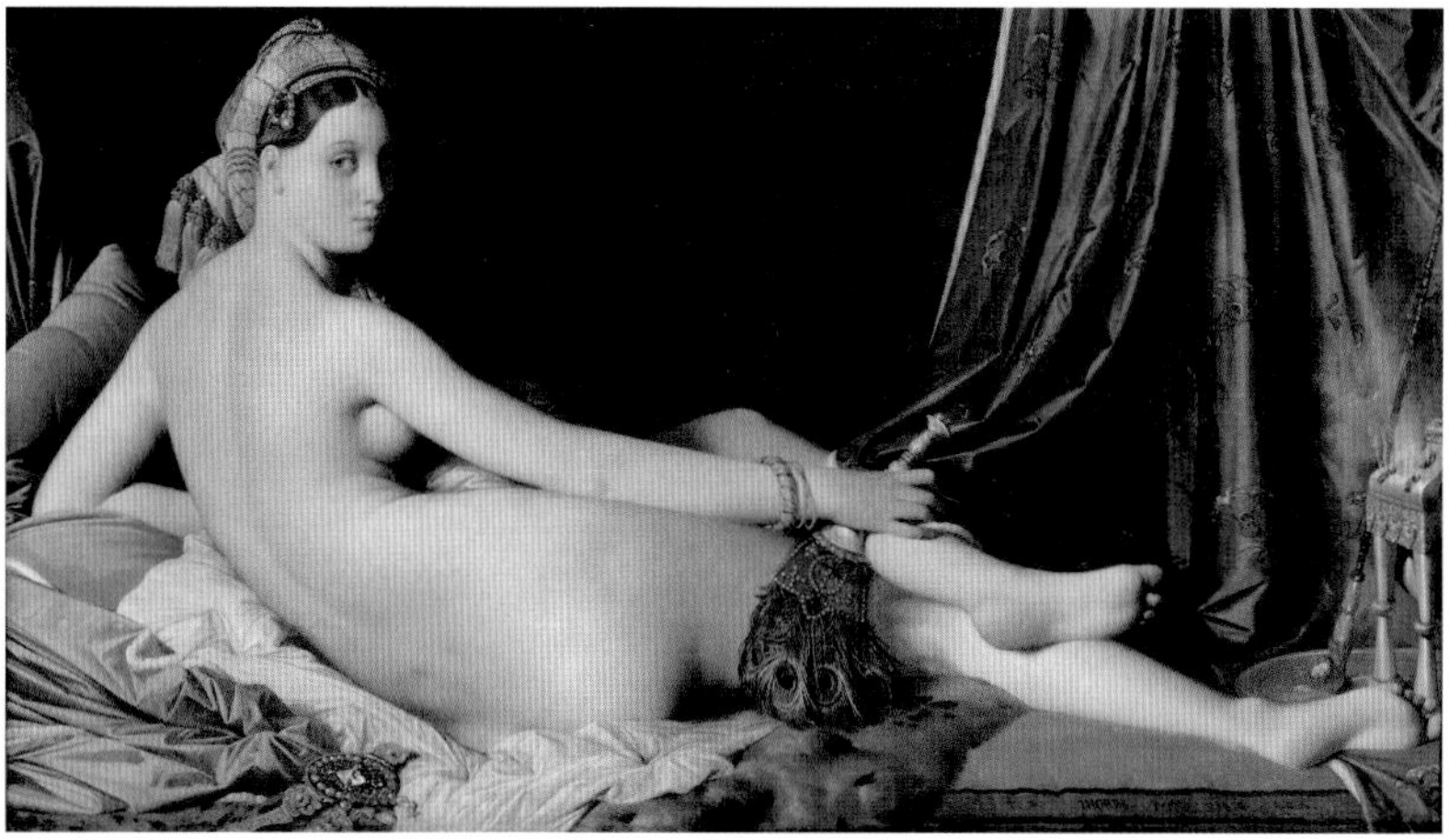

**引き伸ばされた裸体と
東方の小道具が生む
エキゾチックな官能美**

ナポレオンの妹の注文で描かれた異国のハーレムの寵姫。水煙草や扇、ターバンが異国情緒を高める。解剖学的な正確さを無視した人体比率は批判されたが、この画題は神話画と並んでヌードを描く口実となった。

《グランド・オダリスク》
ジャン＝オーギュスト
＝ドミニク・アングル
1814年　ルーヴル美術館、パリ

10 思想家の世紀

近代的な国家のあり方を唱えた啓蒙思想の芽生え

《イタリアの喜劇役者》 アントワーヌ・ヴァトー
1720年頃　ワシントン・ナショナル・ギャラリー

当時人気の演劇は画家たちの創作源に

当時最も人気のあった娯楽のひとつが演劇だ。ヴァトーは役者の身のこなしに惹かれ、画家あるいは役者の内面を表すような人物像を多く描いている。演劇の流行で、貴婦人を女神になぞらえて描く絵も増えた。

絶対王政の根拠のひとつが、王には神から権力が与えられたとする王権神授説だった。この考えに異議を唱えたのが啓蒙思想だ。イギリスのホッブズは人間の生命や自由を「自然権」と名付け、それを国家に譲渡する「社会契約」を主張した。同じくイギリスのロックは政府が人民の持つ基本的な権利を侵害した場合、人民は抵抗する権利があるとし、立法権と行政権の分離を唱えた。

　イギリスで発生した啓蒙思想はフランスへと渡る。そこでは王の寵姫だったポンパドゥール夫人や市民階級出身のジョフラン夫人らのサロンをはじめ、アカデミー、カフェ、秘密結社フリーメイソンなど、王の支配から逃れて議論する場があった。サロンでは演劇や音楽の上演も行われていたという。

　サロンなどでの議論から生まれたモンテスキューの『法の精神』では三権分立が提唱された。ディドロやダランベールらが中心となって編纂した『百科全書』は２００人近くの人々が執筆に参加し、それまで限られた人々のものだった知識により多くの人がアクセスできるようにした。ルソーは『社会契約論』で主権は人民にある、と宣言する。王権を否定する、当時としては過激な彼の思想は後のフランス革命の遠因ともなった。

　啓蒙思想がフランスで花開いた理由には印刷物の流通もある。18世紀後半のフランスでは百以上の月刊・週刊・日刊の定期刊行物が発行されていた。また人口増や食糧事情の改善によってパリ西部やボルドーでは再開発が進み、劇場や広場が整備される。市民は都市で語り、学んだ。

啓蒙思想の発展が近代社会の礎に

女性が主宰する サロンが思想家たちの 議論の場に

このサロンでは文学者や哲学者だけでなく画家や建築家も集い、おのおのが所蔵する美術品を持ち寄って“勉強会”を開いたりしていた。ジョフラン夫人自身も同時代のフランス人画家に絵を注文、蒐集していた。

《ジョフラン夫人のサロン》
アニセ・シャルル・ガブリエル・ルモニエ
1812年
マルメゾン城美術館、リュエイユ＝マルメゾン（フランス）

政治、哲学、芸術への関心を示す 小道具に注目

明るい色調を短時間で仕上げられるパステルはこの頃人気だった。モデルを全身で描き、『百科全書』や版画、楽譜などを描き込んで彼女の教養を示す。ポンパドゥール夫人は政治にも介入する才女だった。

《ポンパドゥール夫人》
モーリス＝カンタン・ド・ラトゥール
1748～55年　ルーヴル美術館、パリ

宗教の不寛容に 異を唱え、専制政治を 批判したヴォルテール

『百科全書』執筆者のひとり。当時禁じられていたプロテスタントの一家で起きた殺人事件を巡り、信仰の自由を説く『寛容論』を出版する。信仰の自由を保障する「人権宣言」につながる動きのひとつとなった。

《ヴォルテール》
ジャン＝アントワーヌ・ウードン
18世紀
ヴォルテール協会博物館、ジュネーヴ

11 アカデミーとグランド・ツアー

芸術家を養成する王立機関の整備

シャルル・ル・ブラン〔151頁〕はアカデミーを設立するにあたってローマで活動していたフランスの画家、プッサンから影響を受けた。ル・ブランはアカデミーでこの絵に関する講演を行い、感情表現などを解説している。

《マナの収集》 ニコラ・プッサン 1637〜39年頃 ルーヴル美術館、パリ

イメージ戦略としての美術を重視していたルイ14世は、芸術家の養成も重要だと考えた。「王の画家」の免状を持つ画家は全員、親政開始前の1648年に設立された王立美術アカデミーに入るように命じられる。1666年にはローマに芸術家を〝留学〟させる在ローマ・フランス・アカデミーも設立された。

イギリスでは裕福な家庭の子弟が見聞のために大陸に出かける「グランド・ツアー」が盛んになる。彼らの多くはパリを経由して美の最高峰、ローマを目指す。フィレンツェやナポリ、ヴェネツィアに立ち寄ることも多かった。彼らの目的は遺跡などの名所旧跡と古代彫刻などの美術コレクションの見学、そして美術品や発掘品をお土産として持ち帰ることだ。中でも特に人気だったのはティツィアーノ、ラファエッロ、ルーベンスらの作品だったという。これらはフランスをはじめ各国で創立されていた美術アカデミーでもお手本として推奨されていた。現代の記念写真のように、現地で肖像画を描いてもらう者もいた。肖像画家として人気だったポンペオ・バトーニは古代ローマの遺跡を背景にした作品などを量産している。

現地の名所の絵も人気のお土産だ。イタリアの街を描いた「ヴェドゥータ」（都市景観画）、別々の場所にある著名な名所旧跡を〝コラージュ〟した「カプリッチョ」（奇想画）などの絵だ。イギリスの駐ヴェネツィア領事だったジョセフ・スミスは現地を訪ねる同胞にヴェネツィアの風景画の名手、カナレットを売り込む。彼はカメラ・オブスクラによって運

画家の想像を交えたカプリッチョ（奇想画）

古色を付けた柱、
ローマ帝国の鎧を着た
兵士を描いて古代風に演出

グランド・ツアー最大の目的地ローマの名所を描いたもの。画家は「廃墟のロベール」とも呼ばれ、古代建築やそれが崩れ落ちた光景を積極的に描き、時間や歴史を感じさせる叙情的な画面で人気を博している。

《サン・ピエトロ大聖堂の回廊》
ユベール・ロベール　1769年頃
クリーブランド美術館（アメリカ）

ヴェネツィアの名所画で知られる画家、パッラーディオが設計したリアルト橋（実現せず）や建物を組み合わせた架空の風景。パッラーディオの古典復興様式は古代ローマの栄光を英国に重ねることができるため、人気だった。

《パッラーディオ建築のあるカプリッチョ》
カナレット　1740年代　パルマ国立美術館（イタリア）

ヴェネツィアの
実在の風景に見えるけれども
実は画家のフィクション

河や塔、広場で語らう人々、祭りで飾られたゴンドラなどを描き、ヴェネツィアの魅力を最大限に引き出した。カナレットはロンドンでも活躍し、ターナーやマネらが彼を高く評価している。

《ヨークシャーのカークストール修道院ー夜》 トマス・ガーティン
1800〜01年　ヴィクトリア・アンド・アルバート博物館、ロンドン

画家は18世紀イギリスで賛美された「ピクチャレスク（絵のような）」自然の景観や光を水彩のグラデーションで描いた。水彩は油彩より低く見られていたが、雨の多いイギリスの風景を描くのに適していた。

ありのままの自然美を称える「ピクチャレスク」の概念が風景画制作を促進

12 産業革命と大英帝国

技術革新で「世界の工場」となったイギリス

産業革命の始まりは農業革命だった。17世紀のイギリスでは新しい農法や家畜の飼育法が導入され、食糧事情が向上する。増加した人口は産業革命のための労働力かつ消費者となった。それまでインドから輸入されていた綿織物は、1733年にジョン・ケイが発明した「飛び杼《ひ》」と1769年にジェームズ・ワットが改良した蒸気機関によって大量生産が可能になり、国外に輸出されるようになった。1709年には石炭による製鉄が開発される。

石炭、鉄、蒸気機関の組み合わせから生まれたのが鉄路を走る蒸気機関車だ。1820年代にジョージ・スティーブンソンが本格的な蒸気機関車を実用化し、半世紀の間にイギリス各地に鉄道網を広げる。

こうして「世界の工場」となり、広大な植民地を抱えて大英帝国への道を邁進していたイギリス市民は、自国の歴史や風景にも目を向け始めた。オランダから輸入された写実的な風景画やヴェネツィアから渡英したカナレット、ロシア出身で偶然できたシミを利用して風景画を描く水彩画技法の発展に寄与したアレクサンダー・カズンズらの影響で、実際の風景を忠実に描いた「地誌的水彩画」が発達する。イギリスを代表する国民的画家、ターナーもこの地誌的水彩画から画家としてのキャリアをスタートした。彼は次第に、ほかの画家が採り上げることのなかった蒸気機関車をモチーフにした絵など独自の道を歩むようになる。晩年には彼が「カラー・ビギニング」と呼ぶ抽象化された風景画を描き、印象派への道を準備した。

時代とともに変わるもの、変わらないものへの眼差し

科学実験の緊張感をドラマチックな明暗と感情表現で演出

《空気ポンプの実験》 ジョセフ・ライト・オブ・ダービー
1768年　ロンドン・ナショナル・ギャラリー

鳥が入ったガラス容器を真空にすると鳥は生きられない、という実験。画家はジョルジュ・ド・ラ・トゥールに似た劇的な明暗で《太陽系儀の講義》や鉄工所の様子など、産業革命や科学の新しい局面を描いた。

ターナーも科学技術の躍進に興味津々

蒸気機関車という当時の最先端技術とスピードを表現する。止まっているかに見える馬や小舟が小さく描き込まれ、技術の世代交代を告げるかのよう。後の画家が鉄道を描く際の規範となったターナー晩年の傑作。

《雨、蒸気、スピード―グレート・ウェスタン鉄道》
ジョゼフ・マロード・ウィリアム・ターナー
1844年　ロンドン・ナショナル・ギャラリー

独立間もないアメリカでは肖像画と並び、ヨーロッパでは見られない雄大な自然を称揚する風景画が盛んに描かれる。ビアスタットは19世紀半ばから鉄道などによって開拓が進む西部の広大な景観を描き出した。

《ロッキー山脈―ロザリー山の嵐》
アルバート・ビアスタット　1866年　ブルックリン美術館、ニューヨーク

13 アメリカの独立

古代遺跡の発掘とともに高まる共和政への気運

18世紀、北米大陸で先住民と組んだフランス軍がイギリス軍と対立したフレンチ・インディアン戦争が、ヨーロッパでは英仏が争った七年戦争が起きる。これらは18世紀半ばに終結、北米のフランス領土をイギリスが統治することになった。

　イギリスは戦争と北米統治の費用をまかなうため、植民地への課税を強化する。これに反発した人々はボストンでイギリス東インド会社の輸送船から茶葉を海に投げ捨てる「ボストン茶会事件」などで抵抗した。１７７６年にはトマス・ペインが『コモン・センス』でイギリス国王の権威を否定、同年「アメリカ独立宣言」が採択される。75年にボストンでイギリス軍と植民地の民兵との衝突から始まった独立戦争は、81年にイギリス軍の降伏で終結した。

欧米で“古代ブーム”が巻き起こる！

ポンペイ遺跡のフレスコ壁画。街には神殿や円形闘技場、フレスコ画やモザイク画で飾られた家があった。都市役職者のほか市民の公選による二人役と呼ばれる人々が行政にあたり、市民も政治活動に関与していた。

《化粧室の女性》
前60年頃　秘儀荘、ポンペイ

1748年の発掘で
よみがえった
ポンペイ壁画の美

画家の熱心な
古代研究が生んだ
版画芸術の傑作

ピラネージは建築家を自称したが、古代ローマ遺跡を扱った版画で知られる。遺跡に残っていないものは想像で補った、空想的な版画だ。建物が植物に侵食され、朽ちていく様子に人々はメランコリーとドラマを感じた。

《『パエストゥムの古代遺跡の景観』：（10）パエストゥムのポセイドン》
ジョヴァンニ・バッティスタ・ピラネージ
1778年　国立西洋美術館、東京

この頃、イタリアでは古代ローマ遺跡のポンペイとヘルクラネウムの発掘が本格化する。出土品から影響を受けたヨーロッパの作家たちは新古典主義と呼ばれる絵画を生み出す。この〝古代ブーム〟により、すでに知られていたナポリ近郊のパエストゥムの廃墟にもスポットが当たった。ここで注目されたのがドーリス式（36頁）の巨大な神殿建築だ。簡素な円柱と梁、三角形の切り妻の壁のみが残るこの建物は、「自然に還れ」と唱える啓蒙思想を体現するものとしてもてはやされる。ジョヴァンニ・バッティスタ・ピラネージらは古代の美を称揚する絵画や版画を量産し、ますます人々の憧れを掻き立てた。

古代遺跡への興味は造形だけでなく、古代ギリシャ・ローマの共和政への関心にもつながる。1781年に批准された連合規約ではアメリカを「自由・独立・主権を有する諸邦からなる合衆国」と定義している。アメリカとヨーロッパで古代に学ぶ新しい体制への動きが芽生えていた。

《ブルートゥス邸に息子たちの遺骸を運ぶ警吏たち》
ジャック＝ルイ・ダヴィッド　1789年　ルーヴル美術館、パリ

古代ローマで暴君の王を追放し、共和政を樹立したルキウス・ユニウス・ブルートゥスは王政を復古させようとした息子を死刑にする。本作発表時に偶然、市民がパリ市長を惨殺するバスティーユ監獄襲撃事件が起き、革命の精神を表すとされた。

14 フランス革命

〝人間は、生まれながらにして自由で権利において平等である〟

1789年のフランスで聖職者、貴族、平民の議員からなる全国三部会が開かれる。が、身分によって差があった議決方法を巡って会議は紛糾、国王は「国民議会」となった全国三部会の議場を閉鎖する。平民である第三身分の議員はジュ・ド・ポーム（テニスに似た球技）競技場を占拠し、憲法制定まで解散しないことを誓った。後に「ジュ・ド・ポームの誓い」と呼ばれるこの事件がフランス革命の引き金を引く。

8月には「人間は、生まれながらにして自由であり、権利において平等である」という文言で始まる「人間および市民の権利の宣言（人権宣言）」が採択された。国王はこれを認めなかったため、武装したパリ市民はヴェルサイユに向かう。国王一家は逃亡を図るが失敗、1793年にルイ16世とマリー・アントワネットは断頭台に送られた。権力を握ったジャコバン派とロベスピエールは恐怖政治を行い、大量の人々を粛清する。1794年、ロベスピエールが処刑されて革命は収束した。

ここで革命派に与《くみ》して積極的に政治活動を行ったのがダヴィッドだ。彼は革命政府の役職を歴任、王立美術アカデミーの廃止にも関与している。「ジュ・ド・ポームの誓い」の素描のほか、反革命派に暗殺されたジャーナリストのマラーや共和国軍の少年兵バラの劇的な死の場面、粗末な服を着て処刑台に向かうマリー・アントワネットの姿を描き、革命派のプロパガンダに協力した。その画風は前の時代の甘くて華やかなロココ調ではなく、力強さや歴史的正統性を打ち出す新古典主義となる。ダ

革命の精神を伝える歴史画家ダヴィッド

憲法制定国民議会議員がこの事件を後世に残そうと、ブルートゥスの絵で評判になったダヴィッドに依頼。多少の誇張や演出があるこの素描をもとに大型の油彩画と版画が制作される予定だったが、実現しなかった。

《ジュ・ド・ポームの誓い》
ジャック＝ルイ・ダヴィッド　1791年　ヴェルサイユ宮殿

革命に取材し、
壮大な歴史画として
描くことを構想

反革命を唱える
ジロンド派を追放した結果、
暗殺の憂き目に

ジャーナリスト、マラーは皮膚病を治す薬浴中、反革命派の若い娘に刺殺される。力なく垂れた腕は「死せるキリスト」の伝統的な図像。マラーをイエスと同等に描き、フランス革命の殉教者として英雄視している。

《マラーの死》
ジャック＝ルイ・ダヴィッド　1793年
ベルギー王立美術館、ブリュッセル

ヴィッドはロベスピエールとの親交から彼の失脚とともに幽閉され、釈放後、ナポレオン・ボナパルトと出会って再び政治の波に飛び込んでいくことになる。

15 ナポレオンの台頭

皇帝ナポレオンによる君主政への揺り戻し

《ヤッファのペスト患者を訪れるナポレオン》
アントワーヌ＝ジャン・グロ　1804年　ルーヴル美術館、パリ

患者を癒す
キリストのような
慈悲深さを強調

オスマン・トルコ支配下の都市に侵攻したナポレオンがペストにかかった兵士を見舞う。彼の慈悲深さと背景の建物などでオリエンタリズムを表現する。グロは激しい戦闘場面も描き、ナポレオンの力を強調した。

1769年生まれのナポレオンは95年、フランス王党派の反乱（ヴァンデミエールの蜂起）を鎮圧して名を上げる。99年にクーデターを起こして臨時政府の第一統領となり、1804年には皇帝となることを宣言した。緊張する国際関係の中、05年にアウステルリッツの戦いでロシア・オーストリア連合軍に大勝し、さらにナポリ、オランダ、プロイセン、神聖ローマ帝国を破り、快進撃を続ける。

フランス革命でプロパガンダ画家的な役割を果たしたダヴィッドは1797年にナポレオンと知り合い、1800年、イタリア遠征のためアルプスを越える彼の姿を描く（《サン・ベルナール峠を越えるボナパルト》）。実際はラバに乗っていたのを馬に変え、着用していないと思われるマントを着せて理想化した姿だ。04年に戴冠したナポレオンはダヴィッドを「皇帝の主席画家」に任命、ダヴィッドは大作《皇帝ナポレオン1世と皇妃ジョゼフィーヌの戴冠式》で多くの人に祝福される様子を描き、ナポレオンを満足させる。

さらにナポレオンはダヴィッドの弟子だったアントワーヌ＝ジャン・グロを従軍画家として重用、《アルコル橋のナポレオン》《ヤッファのペスト患者を訪れるナポレオン》など、戦場で敵に寛大に接する姿を描かせた。同じくダヴィッドの弟子、アングルは神のような姿で彼を表現した。彼の肖像画には鷲、正義の手などの王権の象徴や、秩序ある統治を意味する蜜蜂などが散りばめられている。彼らが描いた一連の絵画は為政者のイメージ戦略に大きく寄与した。

美術を介して崇高な自己イメージを演出

神やイエスのように正面向きで描かれた肖像画。ナポレオンが持つ西ローマ皇帝シャルルマーニュの剣や杖は、彼の皇帝即位の正統性を主張する。あえてフランドル絵画の硬い表現を取り入れ、神々しさを打ち出す。

《玉座のナポレオン》
ジャン＝オーギュスト＝ドミニク・アングル　1806年
フランス軍事博物館、パリ

剣、鷲、蜂など
王権のあらゆる
シンボルを活用

「荒馬を冷静に
乗りこなす」姿で
同じ肖像画を５点注文

馬上のナポレオンはこちらを見据え、右手で征服すべき方向を指し示す。足元の岩にはボナパルトのほかハンニバル、シャルルマーニュらアルプス越えの先人の名があり、彼らと同等であることを表す。

《サン・ベルナール峠を越えるボナパルト》
ジャック＝ルイ・ダヴィッド
1802年　ヴェルサイユ宮殿

幅10メートルの大画面にナポレオンは満足げに「中に歩いて入れるようだ」と言ったという。会場のノートルダム大聖堂も数多くの列席者も詳細に描かれ、観る者も式に参加しているような錯覚に陥る。

《皇帝ナポレオン1世と皇妃ジョゼフィーヌの戴冠式》
（部分）　ジャック＝ルイ・ダヴィッド　1806～07年
ルーヴル美術館、パリ

16 動乱のヨーロッパ

王政復古とナショナリズムに揺らぐウィーン体制

ナポレオン軍の略奪を元に生まれたヴィーナス像

ナポレオンがウフィツィ美術館から《メディチのヴィーナス》を持ち去ると、カノーヴァはそれを元にこの作品を制作する。彼はウィーン会議に出席し、《メディチのヴィーナス》を含めた略奪作品の多くを返還させた。

《ウェヌス・イタリカ》
アントニオ・カノーヴァ　1804年
パラティーナ宮殿美術館、フィレンツェ

ナポレオンの勢いにも翳《かげ》りが見えてくる。１８０８年にはスペインの支配を目論むが農民を中心に反乱が起きる。ゴヤの《１８０８年５月３日》はその時の光景を描いたものだ。ナポレオンは12年にはロシア遠征に失敗、エルバへの流島と一時的に政権を取り戻した「百日天下」、ワーテルローでの敗戦を経てセントヘレナ島へ送られ、21年に生涯を閉じる。ナポレオンの主席画家だったダヴィッドは16年にブリュッセルへ亡命し、そこで没した。

ナポレオンの失脚が始まった１８１４年、戦後処理について話し合うウィーン会議が開かれる。これに参加したロシア、プロイセン、イギリス、オーストリア、フランス各国の利害が一致せず、会議が進捗しなかったので「会議は踊る、されど進まず」との有名なフレーズが生まれた。翌年、調印されたウィーン議定書に基づくウィーン体制ではフランス革命前の絶対王政に戻す保守主義がとられ、自由主義とナショナリズムは弾圧されて表面上の平和が保たれる。それに対する反発の始まりが、フランスのブルボン復古王政を倒した30年の「七月革命」と48年の「二月革命」だ。この動きは雪崩を打つようにヨーロッパに波及し、オランダからのベルギー独立反乱、ロシアに対するポーランドの反乱、イタリア各地での反乱などを引き起こしてウィーン体制は終焉を迎える。

この社会状況をありのままに描け、と説いたのが詩人で批評家のボードレールと友人のクールべだ。平凡な

高まるナショナリズムと社会派絵画の誕生

衝撃的な処刑場面を描いて
フランス軍の暴虐を告発！

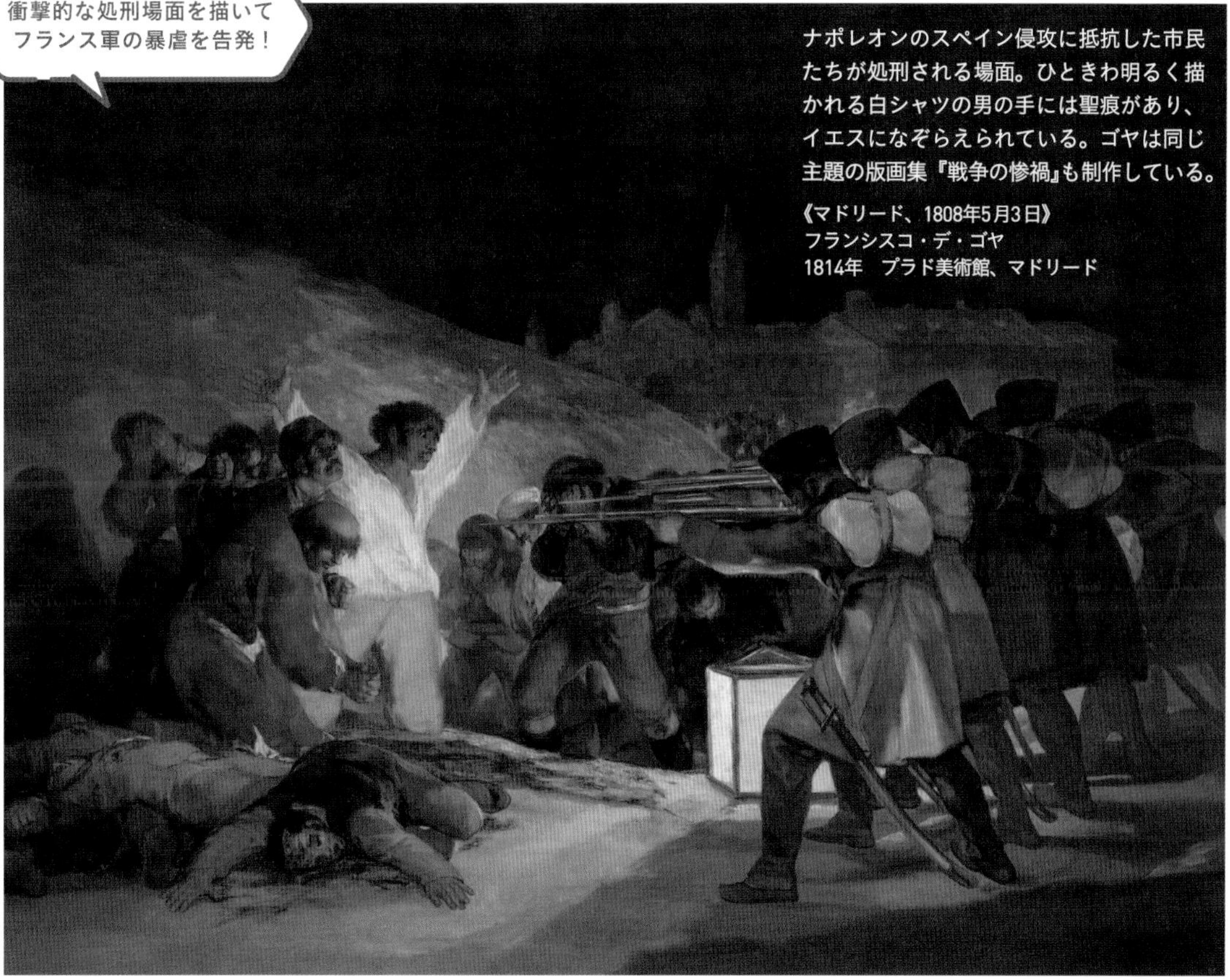

ナポレオンのスペイン侵攻に抵抗した市民たちが処刑される場面。ひときわ明るく描かれる白シャツの男の手には聖痕があり、イエスになぞらえられている。ゴヤは同じ主題の版画集『戦争の惨禍』も制作している。

《マドリード、1808年5月3日》
フランシスコ・デ・ゴヤ
1814年　プラド美術館、マドリード

《石割人夫》　ギュスターヴ・クールベ
1849年（ドレスデン爆撃で1945年に焼失）

破れた服を着て働く老人と少年。画家は七月王政期から問題になっていた社会の不公正や貧困をありのままに描き出そうとした。《オルナンの埋葬》では歴史画のように描かれた村の人々が卑俗で醜いと非難を浴びた。

社会の片隅で働く
貧しい人々を
ありのままに表現

一地方のブルジョワジー（中産階級）を堂々たる歴史画のような大画面で描く《オルナンの埋葬》は激しい非難を呼ぶ。《石割人夫》で表現された人々の苦難は、社会問題化していた格差を生々しく描き出している。

17

美術館の公開と発展

美を学び、知性を育てるミュージアムの誕生

美術は教会か、王侯貴族のものだった。フランスでは啓蒙思想が美術とその教育の民主化にも道を開く。18世紀半ば、リュクサンブール宮殿で絵画などの公開が始まり、フランス革命さなかの１７９３年にルーヴル宮殿の一部が「中央美術館」として公開される。ナポレオンが国外遠征で戦利品として得た美術品も収められ、１８０３年には一時、「ナポレオン美術館」と名を変えた。

フィレンツェのウフィツィ美術館はトスカーナ大公国のオフィス（ウフィツィ＝行政庁舎）だったことからこの名がある。ここにはメディチ家のコレクションが置かれ、１５９１年からは申請すれば誰でも見られるようになった。１７３７年にメディチ家コレクションがトスカーナ大公国に寄贈され、公開が始まる。

大英博物館のコレクションの基礎を築いた医師、ハンス・スローンが活躍したのは博物学が流行していた啓蒙思想の時代である。彼は西インド諸島総督の侍医となり、現地から珍しい植物標本などを持ち帰る。そのコレクションは彼の死後、国の所有となり、現大英博物館となっているモンタギュー公爵私邸で１７５９年に公開された。

ウィーンでは軍総司令官の夏の離宮として建てられたベルヴェデーレに、マリア・テレジアの発案で18世紀後半、ハプスブルク家のコレクションが陳列されることになった。その際には美術史の流れが見てわかるよう、配置に工夫が凝らされたという。誰もが美を目の当たりにして学べるミュージアムという場が次の時代の知性を育てることになった。

世界最大のクリムト・コレクションで有名

ベルヴェデーレ宮殿

〔オーストリア・1781年公開〕

上宮と下宮からなるベルヴェデーレ宮殿はバロック建築の傑作！

1781年、ヨーロッパで初めて無料で一般公開された美術館。ナポレオンがウィーンを占領した際、大量の作品がパリに持ち去られたが、敗北後に返還された。当時の展示物の多くは現在、ウィーン美術史美術館にある。

《ベルヴェデーレ宮殿天井画》
ウィーン

人類の遺産を受け継ぐ世界屈指の美術館

《ルーヴル美術館グランド・ギャラリー想像図》
ユベール・ロベール　1789年　ルーヴル美術館、パリ

世界最大級を誇る美の宝庫

ルーヴル美術館

〔フランス・1793年公開〕

ロベールはルーヴル美術館創設検討委員会・美術館管理官に任命され、同館の改修と照明計画、作品購入に携わり、計画案を描いている。「廃墟のロベール」らしく、朽ち果てたグランド・ギャラリーの絵も描いた。

世界中から約800万点の美術品を収集

大英博物館

〔イギリス・1759年公開〕

王家の建物とコレクションによるルーヴル美術館やエルミタージュ美術館とは違い、個人の私邸と個人コレクションによって開館した。当初は１時間に15名程度の入場者がガイドの説明付きで回るシステムだった。

《大英博物館の動物学ギャラリー》　1843〜44年　大英博物館、ロンドン

ルネサンス美術の精華がここにある

ウフィツィ美術館

〔イタリア・1591年から部分的に公開〕

現在の美術館の建物と「ヴァザーリの回廊」は16世紀にヴァザーリの設計で、トスカーナ大公コジモ１世の執務室および宮殿からの通路として建てられた。コジモ１世は現在の王立美術学校も設立している。

《ウフィツィ美術館の回廊》　フィレンツェ

ジェリコーのデビュー後まもなくナポレオンは失脚、美術のトレンドは新古典主義からロマン主義に移る。ジェリコーは事故の記録を詳細に調べ、病人の肌や処刑された人の遺体を観察してリアルで劇的な画面に仕上げた。

13日間漂流し、
生存者は10名という
同時代の大事件に取材

《メデューズ号の筏》　テオドール・ジェリコー　1818～19年　ルーヴル美術館、パリ

18 社会主義とロマン主義

相次ぐ市民革命とナショナリズム

ウィーン体制崩壊後、フランスでは1848年の六月蜂起を経てルイ・ナポレオンが皇帝ナポレオン3世として即位、富裕な中産階級（ブルジョワジー）が権力を握る。このブルジョワジーと労働者の間で対立が起き、社会主義思想が台頭する。周辺諸国でもウィーン体制への反発として自由主義運動が息を吹き返し、ナショナリズムを背景に小国の独立の気運が高まっていった。

　こういった社会情勢から美術や文学の世界ではロマン主義が発達した。形式や理性を重んじる古典主義に対して個人の自由や個性、描き手の感情などを重視するものだ。この流れは人権や市民の個性が重視されるようになったフランス革命後の風潮にも合致していた。

　その中でも社会主義を色濃く反映

理想美よりも「社会の現実」を描く！

民衆の力で
社会を変える！
革命の高揚感を描く

シャルル10世の反動政治への反発から蜂起した市民たち。服装からさまざまな階級の人が参加していることがわかる。画家は同時代の事件であるギリシャ独立運動を扱った《キオス島の虐殺》で賛否を呼んだ。

《7月28日―民衆を導く自由の女神》
ウジェーヌ・ドラクロワ
1830年　ルーヴル美術館、パリ

収穫されなかった
穂を拾い上げる
貧しい農婦たち

ミレーはフランスのブルボン復古王朝を倒した1848年の二月革命前後から労働画を描き始める。だが、この絵は社会的メッセージである以上に、貧しくとも額に汗して働く人々の尊さを理想化して描いている。

《落穂拾い》
ジャン＝フランソワ・ミレー
1857年　オルセー美術館、パリ

しているのが１８１６年に起きた海難事故を描いた、ジェリコーの《メデューズ号の筏《いかだ》》だろう。無能な艦長を乗せた船が難破し、乗組員たちが筏で飢えに苦しみながら漂流した場面だ。ジェリコーの後輩にあたるドラクロワはこの絵に感激する。バイロンの劇詩からインスピレーションを得た《サルダナパールの死》や１８３０年の七月革命で蜂起した民衆を描く《民衆を導く自由の女神》といった、歴史の波に翻弄される人々の悲劇や格闘を描いた作品には彼の気概が伺える。

一方で革命や戦争、公害によって荒廃した都市に疲れた人々は郊外に関心を寄せる。フォンテーヌブロー近くの村に集い、貧しくとも真摯に働く農民の姿を描いたミレーや、のどかで美しい田園風景を描いたコローたちは村の名をとってバルビゾン派と呼ばれた。彼らの絵はその頃になって美術品の購買層に加わった新興の中小ブルジョワジーにもわかりやすいため、人気の商品でもあった。

題材は1869年に開店した、歌やショーを見せる「カフェ・コンセール」のひとつ。左上にアクロバット演者の足が見える。女性バーテンダーの物憂げな表情が享楽的な都会の空気やそれに疲れた人々の心を思わせる。

《フォリー＝ベルジェールのバー》
エドゥアール・マネ　1882年
コートールド美術館、ロンドン

19

近代国家の成立

近代都市の先駆けとなったパリの大改造

産業革命がフランスに波及するとパリは急速に成長し、1846年には人口100万人を超えた。しかし上下水道が整備されず、日照の悪い家屋が密集してコレラが流行するなど、都市環境は劣悪だった。ナポレオン3世からパリ大改造を命じられたセーヌ県知事オスマンは貧民街を一掃して大通りや上下水道を整備する。オペラ座や凱旋門などアイストップとなる建造物も造り、国家の威信を示す都市を建設した。

大きく姿を変えた19世紀後半のパリではそれまでの宮廷貴族に替わってブルジョワジーが台頭する。彼らはその頃敷設された鉄道で郊外に遊びに行き、1852年に開店したフランス初の百貨店「ル・ボン・マルシェ」でショッピングを楽しみ、オペラ座に出かける。

そんな新しい都市の魅力を指摘したのがシャルル・ボードレールだ。彼は「モデルニテ（現代性）」という言葉で「一時的なもの、移ろいやすいもの」に美を見出す。それは古典主義の画家たちが目指した「永遠の美」の対極にあるものだ。ボードレールの友人、マネは郊外でのピクニックに託して当時の風俗を表現した《草上の昼食》や、劇場のバーの女性を描いた《フォリー＝ベルジェールのバー》でボードレールの「モデルニテ」を描き出す。モネは《ラ・グルヌイエール》や《睡蓮》の連作で常に移り変わっていく光の表情を筆触分割の技法で表している。そのほか、ドガやシスレーら印象派の画家たちは文字通り、画家個人の「印象」をカンヴァスに定着させようとさまざまな手法を試みた。

“現代”を明るい色彩で活写する印象派

曲がりくねった
汚い路地だらけの
地区が一変！

オスマンによって整備されたパリの美しい街並みとは対照的に、人々の表情には孤独が漂う。裕福だったカイユボットは仲間の印象派の作品を購入していた。コレクションは、遺言により国に寄贈されオルセー美術館の中核となった。

《パリの通り、雨の日》
ギュスターヴ・カイユボット
1877年　シカゴ美術館

絵になる画題を
探しに鉄道でパリ郊外へ

戸外で描くようになった印象派の画家たちは、この絵のようなパリ近郊のリゾート地にも出かける。ラ・グルヌイエールでは、日曜には中央の浮島に着飾った男女が集い、水浴する人もいた。パリ市民の新しい楽しみだ。

《ラ・グルヌイエール》
クロード・モネ　1869年
メトロポリタン美術館、ニューヨーク

薄暗い絵を一変させた印象派の「筆触分割」

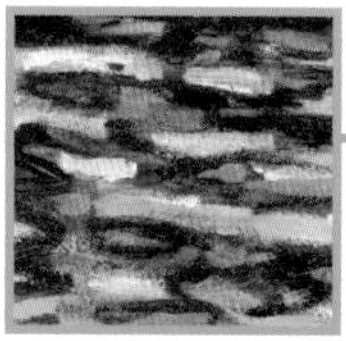

従来、美術アカデミーでは滑らかで筆跡を残さない描き方が主流だった。印象派の画家たちは絵の具を混ぜずに各色を並置することで画面の輝きを保ち、光の効果を描こうとした。

人間の誕生と死、
そして再生への希望を
右から左への時間軸で表現

1889年パリ万博のために建てられたこの塔は鉄製で当時世界一の高さ。1851年のロンドン万博では鉄とガラスの《水晶宮》（後に焼失）が建つ。万博ではほかに蓄音機や白熱電灯なども展示され、新しい技術を誇示した。

《エッフェル塔》 1889年完成 パリ

20 万博と異国趣味

アジアや植民地の文化が西欧にもたらした衝撃

1851年、ロンドンで世界初の万国博覧会が開かれたのを皮切りに、主にパリとロンドンで万博が開催される。そこで注目されたのが日本などアジア諸国の物産だった。67年のパリ万博には江戸幕府が公式参加、89年のパリ万博の日本の展示にはロダンやカミーユ・クローデル、ドビュッシーらが訪れている。ドビュッシーは後に交響曲「海」の楽譜の表紙に葛飾北斎《富嶽三十六景 神奈川沖浪裏》を使った。

それ以前からヨーロッパ、特にフランスでは輸入された浮世絵や陶磁器を通じて「日本ブーム（ジャポニスム）」が起きていた。パリでは林忠正やサミュエル・ビングらが日本美術を扱うギャラリーを開いている。モネは《ラ・ジャポネーズ》で着物を着た女性を描いた。マネの《笛を吹く少年》は背景を一面、灰色で塗りつぶした特異な絵だが、これも日本美術の影響だ。浮世絵の模写もあるファン・ゴッホの日本好きは言うまでもないだろう。

ヨーロッパの画家は日本美術から奥行きではなく平面的な表現、明暗より色彩の輝き、肉付けではなく線描で造形する手法を取り入れた。モネは日本美術について「影によって存在を、断片によって全体を暗示する」と表現している（＊）。一部しか、あるいは全く描かれていないものが多くを語る日本美術の方法論を言い当てている。

この時代にはヨーロッパ列強がアフリカや太平洋の島国を植民地化

＊『西欧絵画の近代 ロマン主義から世紀末まで』（高階秀爾、青土社、1996年）

異国の文化・美術を独自の画風へ昇華

1889年のパリ万博で見たボロブドゥール寺院のレリーフなどで南洋への思いを強くしたゴーガンはタヒチに移住。西洋文明に背を向けるように現地の女性や自然を描き、人間存在の根源を問うこの作品を残した。

《我々はどこから来たのか、我々は何者か、我々はどこへ行くのか》
ポール・ゴーガン　1897〜98年　ボストン美術館

19世紀後半の
西欧では「ジャポニスム」が
空前のブームに

歌川広重の浮世絵に見られる、橋の下から遠くの風景を見る構図。浮世絵など日本美術に特徴的な手前のものを大きく、かつ中心を外して配する大胆な構図は欧米の画家たちに大きなインパクトを与えた。

《ノクターン：青と金色―オールド・バターシー橋》
ジェームズ・マクニール・ホイッスラー
1872〜75年頃
テート・ブリテン、ロンドン

していた。ゴーガンはフランス領だったタヒチに向かい、「野生と素朴、幻想」のモチーフを描き出す。ピカソはアフリカの原始美術に衝撃を受け、《アヴィニヨンの娘たち》(195頁)を描いた。蒸気船や鉄道、電信の発達で小さくなりつつあった世界が異国趣味という形で西洋美術にも影響を与えている。

《芸術愛好家の家》
チャールズ・レニー・マッキントッシュ設計
1901年設計／1996年完成　グラスゴー（スコットランド）

垂直線によるフォルムが印象的な「グラスゴー様式」

植物などを参照した有機的な曲線が中心のアール・ヌーヴォーなどとは違い、マッキントッシュらスコットランドの「グラスゴー様式」は直線や直角を主体とする。自然よりも日本の工芸の影響が強い装飾芸術だ。

21

世紀末の諸相

美術市場を支えた新興ブルジョワジーの台頭

普仏戦争と第一次世界大戦に挟まれた19世紀末のヨーロッパは表面上、平和だった。だが、水面下で列強がにらみ合い、産業革命以降、急激に機械化、都市化が進む。そんな中、１８８６年の最後の印象派展の後、人々の関心は見えないものに向かう。フロイトが無意識を発見、深層心理に潜むものを男女の姿などに仮託する象徴主義が流行する。

彼らがとりわけ惹かれたのが性愛や死といった概念だ。クリムトは華やかで装飾的な画面に、黄金の雨に姿を変えたユピテルに愛されるダナエや接吻する男女の姿を描く。ベックリンは《死の島》で、人が避けることのできない死を表現した。ムンクの絵には絶望と性や愛の苦しみが見え隠れする。

またこの頃は女性の社会進出が進み、「強い女」のイメージが好まれた。ビアズリーの《サロメ》など、女が男を犠牲にする「ファム・ファタル」（宿命の女）はその一例だ。

装飾芸術の分野ではイギリスのモリスが機械による大量生産を否定し、働く喜びを感じられる手仕事を重視したアーツ・アンド・クラフツ運動を先導する。その背景には労働者の権利を守り、人々の生活を心地よいものにしようという社会主義的な思想があった。同時期に他国ではアール・ヌーヴォー、ユーゲントシュティール、ウィーン分離派といった活動が起きる。自然の曲線を取り入れた華やかな家具や工芸は、都市生活を楽しむ新興ブルジョワジーに支持される。こうして絵画や彫刻に対し、従属的なものだった装飾芸術が独自の地位を占めるようになった。

退廃的な世情を映し出す「性」と「死」のイメージ

女性の顔を持つチーターが青年に頬ずりする官能的な場面。スフィンクスとオイディプスのようにも見えるが男女の力関係は逆転し、女性は青年を誘惑し、破滅に追いやる「ファム・ファタル」として描かれる。

《愛撫》 フェルナン・クノップフ
1896年　ベルギー王立美術館、ブリュッセル

フロイトも魅了された
幻想的な「死」の世界

暗い海の中、墓室が作られた岩のある島に、墓場を象徴する糸杉が立ち、白い服の人物が小舟で島に向かう。スイス出身のベックリンはドイツ・ロマン派の風景画を学んだ。理念的な死を描いたメランコリックな絵。

《死の島》（第1バージョン）
アルノルト・ベックリン
1880年　バーゼル美術館（スイス）

愛好した日本の
浮世絵から構図の
ヒントを拝借

オスカー・ワイルドの戯曲の挿絵。洗礼者ヨハネの首をはねさせるサロメという聖書の物語を、愛する男に口づけするため殺させる女性の物語に変えた「ファム・ファタル」もの。

《お前に接吻したよ、ヨカナーン》
オーブリー・ビアズリー　1893年
ヴィクトリア・アンド・アルバート博物館、ロンドン

古い慣習と新しいものが共存する近代の暮らし

穀物をかじるねずみを駆除したのに、村人がお礼をしなかったので子供たちをさらっていったという「ハーメルンの笛吹き男」は日本でも有名だが、16世紀以前にはねずみに関する記述はなかった。理由はわからないが、その頃からねずみを敵視する風潮が強くなったのかもしれない。今では人気の猫もこの頃は嫌われもので、祭りの日に窓から投げ落とされたり火あぶりにされたりと受難の日を送る。鳴き声が魔女を連想させるのか、当時、猫は魔女が変身した姿だとも信じられていた。

都市は不潔で道には人間の排泄物

ファッション

下着同然のシュミーズを好んだ アントワネットのファッション革命

マリー・アントワネットがヴェルサイユ宮殿に作らせた“村落”で着たシュミーズ・ドレス。宮殿では腰が大きく横に張り出した豪華なドレスが義務づけられており、この肖像画は不評で正装のものが描き直された。

《ガリア服を着たマリー・アントワネット》
エリザベート・ヴィジェ＝ルブラン　1783年
メトロポリタン美術館、ニューヨーク

モスリン生地は
快適で涼しく真似をする
女性たちが続出

魔女

中世の昔から描かれた 魔女は近代の 世の不条理をも示唆

『ロス・カプリーチョス』より《練習》
フランシスコ・デ・ゴヤ　1799年　メトロポリタン美術館、ニューヨーク

フランス革命後の不安定な情勢の中、聴覚を失ったゴヤの版画集の１枚。人間や社会の不条理が魔女や動物に仮託される。よく魔女と一緒に描かれる猫は、飛ぶ練習をする魔女を見てしまった私たちをにらみつける。

が落ちていた。当時のトイレは室内に置いた「おまる」が主流で、使用人が中身を始末することになっているのだが、面倒になると窓から投げ捨てていたからだ。個人の家はもちろん宮殿にもトイレは少なく、ペストなどが蔓延する原因になった。

街は汚かったが、上流階級の人々はレースや上質な亜麻布などをふんだんに使った服を着ていた。男性がタイツやハイヒール、かつらを着用したり、宮廷では序列に応じた衣服が義務づけられることもあった。一方、ジャン＝シメオン・シャルダンら17〜18世紀の風俗画からは、庶民がごく簡素で装飾の少ない服を着ていたことがわかる。

16世紀頃からドイツではフルックブラット、イギリスではブロードサイドと呼ばれた瓦版が出現する。18世紀半ばのロンドンで流行したコーヒーハウスでは新聞や雑誌が好きなだけ読めた。ウィリアム・ホガースの風刺画も販売される。メディアの発達が市民の社会参加を進めた。

ジャーナリズム

18世紀以降、
新聞や雑誌の普及が進み、
社会問題を取り上げる風刺画も盛んに

金目当てで愛情のない結婚の悲劇を６枚連作で描く。作者は出版ジャーナリズムが成長しつつある18世紀ロンドンで身近な社会問題に教訓や物語を込め、連作版画で表現して一般大衆から支持された。

左端の新郎新婦は
互いに一切興味なし

《当世風の結婚：（1）婚約万端整って》
ウィリアム・ホガース　1743年
ロンドン・ナショナル・ギャラリー

《モナコ―モンテカルロ》
アルフォンス・ミュシャ　1897年　カタルーニャ国立美術館、バルセロナ

娯楽と広告

娯楽や旅行が盛んだった19世紀、
街には広告が溢れかえった

鉄道会社の観光ポスター。観光地よりも旅行に憧れる女性が大きく描かれて、女性の社会進出が始まりつつあった世相を思わせる。街頭に貼り出されたポスターは中流階級の台頭による消費社会の到来も表す。

Chapter
5

現代

グローバル化のその先へ

BEYOND GLOBALIZATION

《愛はごみ箱の中に》
バンクシー〔212頁〕

BEYOND GLOBALIZATION

2度の世界大戦を経て 加速するグローバリゼーション

この章の美術史の側面では主に近現代美術を扱う。ここで芸術にはコペルニクス的転回が起きている。それまでの芸術には機能があった。祈りや布教、権力の誇示、記録・伝達といった目的に応じて絵画や彫刻が制作される。それらの職能を担う芸術家の立ち位置も現代のデザイナーや工芸家に近いものだった。

しかし、民主化など社会構造の変化とともに近代的自我や人権意識が芽生える。芸術は何かに奉仕するためのものではなく、個の内面を表現することが第一義だと考えられるようになった。あわせてアートとデザイン・工芸・建築との分離が始まる。今も前者と後者はもつれ合いながらも、基本的には別の方向を目指すものだと考えられている。

近現代社会を決定づけるのは2度の世界大戦によるパワーバランスの再編と共産主義という壮大な社会実験だ。これまでにない規模での戦いは政治体制だけでなく哲学や宗教、芸術のあり方を大きく変えた。産業革命以降の急激な技術進歩も重要なファクターだ。特に交通・情報伝達手段の発達でグローバリゼーションと情報化が進んだことは見逃せない。人々の移動と出会いが増え、国家の枠組みが溶け出した。それにより社会と個人の関係性も変化している。

今後の世界ではますます個としてのあり方が重要になるだろう。経済的にも既存の資本主義とは違う価値観が注目されている。揺れ動く予測困難な時代にあって芸術が違う道を指し示す、あるいは芸術によって新しい考え方が生まれる。そんな期待も高まっている。

Chronology of Contemporary Times

戦争、金融危機、感染症流行。世界はますます予測困難に

1871AD → 2020AD

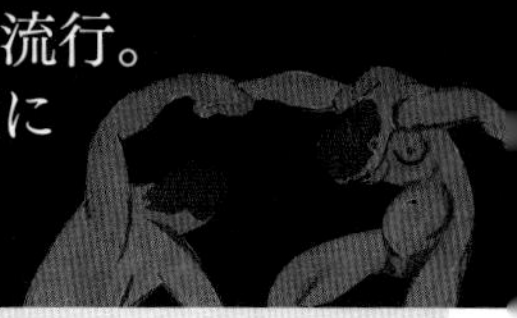

1871
- ドイツ帝国成立
- フランスで労働者政権
パリ・コミューン樹立（2カ月で崩壊）

1884
- 清仏戦争（～85）

1889
- ダイムラー、自動車発明
- エッフェル塔完成
- 第4回パリ万国博覧会

1893
- ディーゼル、内燃機関発明

1894
- 日清戦争（～95）

1896
- アテネで第1回国際オリンピック大会

1900AD

1903
- ライト兄弟、初飛行に成功

1904
- 日露戦争（～05）

1905
- 第1次ロシア革命（血の日曜日事件）
- アインシュタイン『特殊相対性理論』

1914
- 第一次世界大戦（～18）

第一次世界大戦の惨劇〔192頁〕

1917
- フロイト『精神分析入門』
- ロシアで二月革命、ロマノフ王朝滅亡。
レーニン、十月革命でソビエト政権樹立

ロシア革命〔190頁〕

1918
- オーストリア＝ハンガリー帝国解体

1919
- パリ講和会議、ヴェルサイユ条約成立

ヴェルサイユ体制とベル・エポック〔194頁〕
近代社会への反動〔196頁〕

- ドイツ共和国成立
- イタリアでファシスト党成立
- ロシアで第三インターナショナル
（コミンテルン）創立

1920
- 国際連盟成立

1922
- オスマン帝国解体（翌年、トルコ共和国成立）
- 社会主義連邦ソビエト共和国成立

1929
- 米ウォール街で株価暴落（世界恐慌）

1933
- ドイツでナチ党が政権獲得

ファシズムの台頭〔198頁〕

1934
- ヒトラー、総統に就任
- スターリン、社会主義リアリズムを提唱

1936
- スペイン内戦（～39）
- ベルリンで第11回国際オリンピック大会
- アメリカで『ライフ』誌創刊

写真が見た時代〔204頁〕

1939
- 第二次世界大戦（～45）

第二次世界大戦の遺産〔200頁〕

1941
- 日本、真珠湾を攻撃。太平洋戦争始まる

1943
- カイロ会談〈米・英・中〉

1944
- 連合軍、ノルマンディー上陸
- ブレトン・ウッズ会議（国際通貨金融会議）

アメリカの覇権〔206頁〕

1945
- ヤルタ会談〈米・英・ソ〉
- サンフランシスコ国際連合会議
- ポツダム宣言〈米・英・中・ソ〉
- 広島、長崎に原爆投下
- 国際連合成立

1973
- ベトナム和平協定調印
- 第4次中東戦争（石油危機）

1980 • イラン＝イラク戦争（～88）

1989
- ベルリンの壁崩壊
- マルタ会談〈米・ソ〉、冷戦終結宣言

冷戦終結とグローバリゼーション〔210頁〕

1990 • 東西ドイツ統一

1991
- イラクと連合国間で湾岸戦争
- ソ連解体。ロシア連邦成立

2000AD

1993 • ヨーロッパ連合（EU）発足

2001 • アメリカ同時多発テロ

2003 •イラク戦争勃発

2008
- アメリカの大手投資銀行
  リーマン・ブラザーズ破綻による金融危機
  （リーマン・ショック）

2020
- 新型コロナウイルスの世界的大流行

1948
- ベルリン封鎖（～49）
- イスラエル建国
- パレスチナ戦争（第1次中東戦争）

1949
- 北大西洋条約機構（NATO）調印
- ドイツ連邦共和国（西ドイツ）、
  ドイツ民主共和国（東ドイツ）成立

戦後復興と冷戦〔202頁〕

1951
- サンフランシスコ平和条約、
  日米安全保障条約調印

1958
- ヨーロッパ経済共同体（ECC）発足

1961
- ケネディ〈米〉、第35代大統領に就任
- 東西ベルリン、境界封鎖

1962 • キューバ危機

1965
- アメリカ、北ベトナム爆撃開始

1967
- ヨーロッパ共同体（EC）発足

第一次世界大戦中のヨーロッパ

1 ロシア革命

ロマノフ王朝が滅ぶと同時に労働者政権が成立

革命の精神を体現する建築。高さ400メートル、螺旋の中の立方体や円筒が回転するという構想だった。実現はしなかったが、鉄とガラスという当時最新の素材を使ったデザインは後の建築家に影響を与えた。

《第三インターナショナル記念塔の模型》
ウラジーミル・タトリン　1920年撮影

国際的な労働者組織「第三インターナショナル」の象徴として構想

工業を思わせる素材を描いた斬新な舞台デザイン

現実の空間の再現ではない、幾何学的なデザイン。戯曲『堂々たるコキュ』は演劇革新運動を率いたメイエルホリドが演出した。革命ソビエトではディアギレフのロシア・バレエ団など実験的な舞台が新しい思想を具現化するとされた。

《クロムランクの戯曲『堂々たるコキュ』の舞台装置》
リュボーフィ・ポポーヴァ　1922年

世界初の社会主義国家の誕生は「パンを寄こせ!」の声がきっかけだった。1917年2月、ロシアの首都ペトログラードの女性労働者のデモのシュプレヒコールだ。人々は1905年、労働者のデモが軍隊の発砲で鎮圧された「血の日曜日」に代表される王朝の横暴に怒っていたのだ。兵士も加わる反乱となったこの「二月革命」の結果、皇帝ニコライ2世が退位し、300年以上続いたロマノフ王朝は終焉を迎え、臨時政府が樹立される。しかし戦争状態は続き、経済は混乱、食糧も不足していたため、社会主義者のうちの急進派、レーニン率いるボリシェヴィキが労働者らとともに蜂起、臨時政府を倒す「十月革命」が起きた。この翌年、レーニンはロシアが「社会主義連邦ソビエト共和国」である

革命を体現するプロパガンダ・アート

叫ぶ女性の写真と「あらゆる知についての書物」の文字が視覚に瞬時に訴える名作ポスター

ロシア・アヴァンギャルドの作家たちは広告やポスターでも腕を振るった。ロトチェンコは詩人マヤコフスキーらが編集していた機関誌『レフ(芸術左翼戦線)』のデザインなどでも視覚の革新を行った。

《レンギス(国立出版社レニングラード支部)—あらゆる知についての書物》
アレクサンドル・ロトチェンコ
1924年　プーシキン美術館、モスクワ

幾何学図形と抑制された色遣いで明確なメッセージを発信

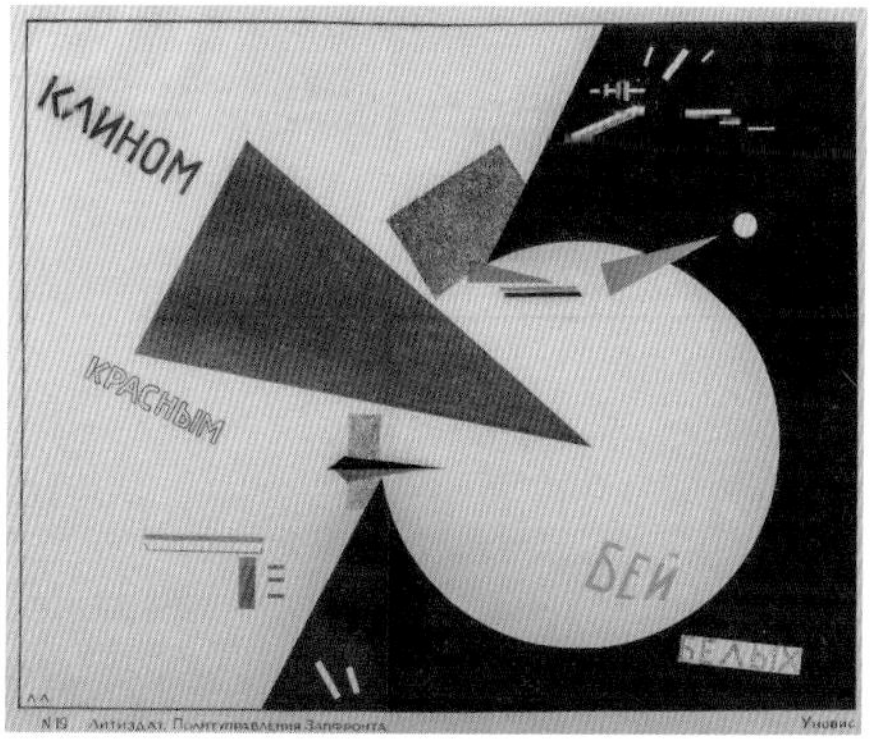

白軍を攻撃せよ、との革命精神を伝えるポスター。リシツキーは後にロシアではブルジョワ的と批判されてドイツに渡り、フォトモンタージュの手法を使った展示デザインでバウハウスなどに影響を与えた。

《赤い楔で白を撃て》
エル・リシツキー
1920年　ボストン美術館

と宣言する。

　この革命の少し前からロシアの芸術界では表現の実験が始まる。具体的なものではなく純粋な色や光を表現する人々が現れたのだ。彼らは革命を歓迎し、政府に協力する。タトリンにはソビエトのプロパガンダ機関が入居する建築《第三インターナショナル記念塔》が依頼された。リシツキーの《赤い楔《くさび》で白を撃て》は、社会主義を表す赤い楔が反革命派を表す白に打ち勝つという絵だ。この運動は絵画・彫刻だけでなく建築、演劇、映画、絵本などに広がる。

　しかし1921年に新経済政策(ネップ)が導入されると新興ブルジョワジーが台頭し、ロシア・アヴァンギャルドは抽象的でわかりにくいと敬遠される。さらに1922年に共産党書記長となったスターリンが1934年に社会主義リアリズムの導入を宣言、ロシア・アヴァンギャルドは終焉を迎える。結果的に彼らの活動は1910～20年代というごく短い期間にとどまった。

2 第一次世界大戦の惨劇

純粋な線と色を用いた
厳格な理論に則る
「新造形主義」を提唱

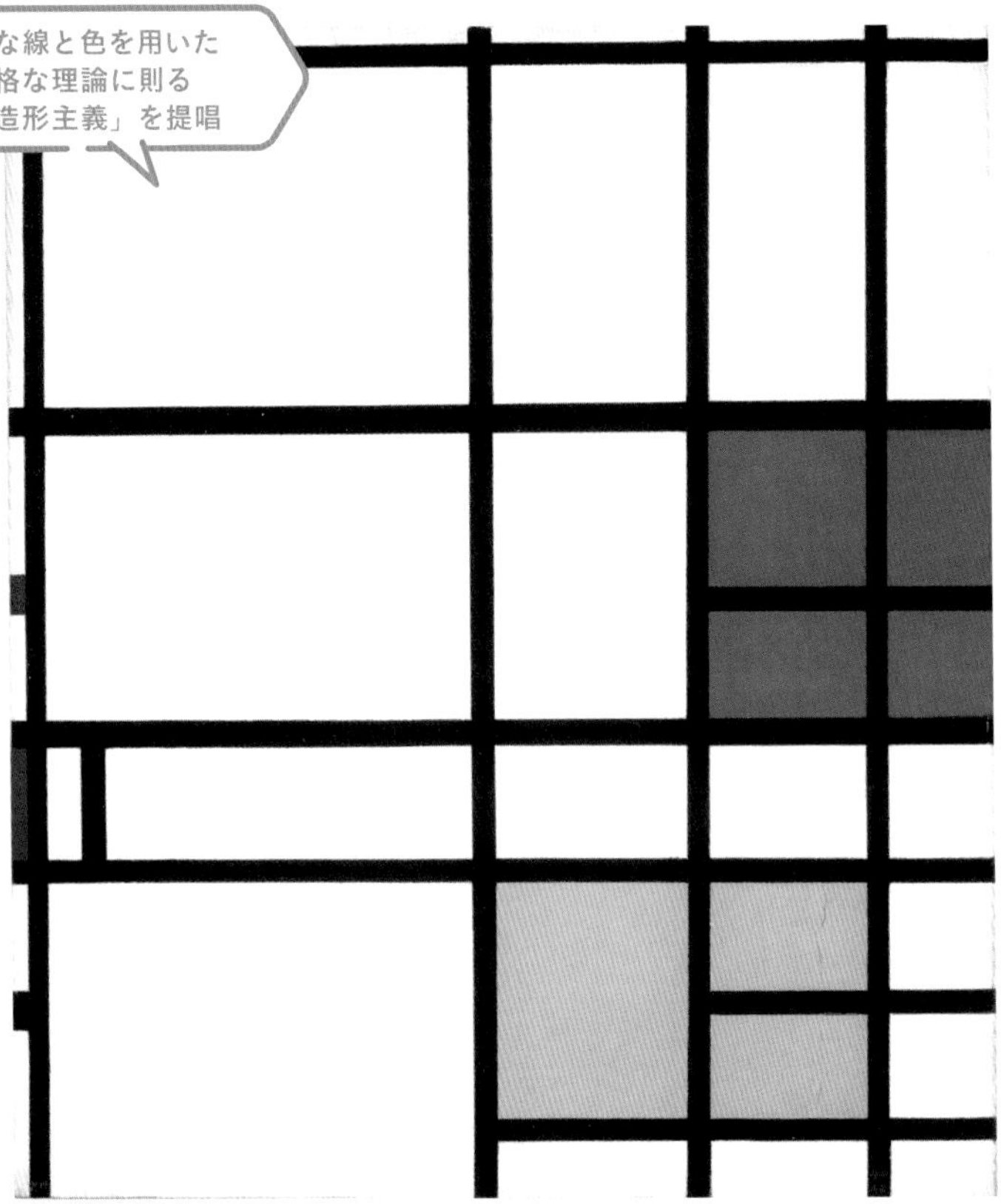

モンドリアンは1917年にオランダで結成された幾何学的抽象の美を追究する「デ・ステイル」にも参加。モンドリアンはその理念を絵画で、テオ・ファン・ドゥースブルフやヘリット・リートフェルトは建築で実現しようとした。

《コンポジション No.11、1940〜42—ロンドン、青、赤、黄》
ピエト・モンドリアン　1940〜42年　オルブライト＝ノックス美術館、ニューヨーク

総力戦を経験し 芸術はユートピア志向へ

1914年、オーストリアの皇太子夫妻がボスニアの首都サラエボでセルビア民族主義者に暗殺される。ボスニアは1908年にオーストリア＝ハンガリー二重帝国に併合されたばかりだった。オーストリアはセルビア側についたロシアに宣戦布告、じきにドイツ、フランス、イギリスやその植民地、アメリカも参戦して世界戦へと発展する。この第一次世界大戦は19年のヴェルサイユ条約で正式に終結したが、それまでに軍人だけで1千万人以上の死者を出す惨事となった。

　この戦争はそれまでの限定戦争とは違う、国民を総動員する総力戦だった。そのため、戦争が終結するとそれぞれの国民は政治参加を求める。また動員した兵士や家族、遺族の生活を保証するため、各国は福祉国家

理性を解放する“超現実”のヴィジョン

意外な物同士を合わせた「デペイズマン」の手法はマグリットの得意技

水平線の向こうにあり得ないほど大きく描かれた鳩の外側ではなく、内部に青空が広がる。マグリットは絵の中に単語や文を書き込む「文字絵画」も制作し、記号と意味との関係性をずらす試みを行った。

《大家族》 ルネ・マグリット 1963年 宇都宮美術館、栃木

非実用的かつ攻撃的なアイロンが意味するものは？

アイロンの底面に釘が出ていて本来の機能を剝奪されている。後述のダダ〔196頁〕でも立体物のコラージュは行われているが、ダダ作品が意味から逃れているのに対して、シュルレアリスムの場合は夢や欲望を具現化している。

《贈り物》 マン・レイ 1972年
（レプリカ／オリジナルは1921年に消失）

への道を歩み始める。

　この混乱した状況でモンドリアンは垂直・水平な線と「普遍的なものの静かな感情」を表現する三原色による絵画を描く。水平・垂直の線は精神と物質、男性と女性など相反する要素を表し、モンドリアンの絵はそれらを統一するものだった。この背後にはモンドリアンが一時傾倒した、世界を霊的な構造として見るというルドルフ・シュタイナーらの神智学（人智学）がある。

　フランスでは詩人のアンドレ・ブルトンが1924年『シュルレアリスム宣言』を発表、自動記述など、理性では推し量れない意識下の世界の探究を始める。マックス・エルンストやサルバドール・ダリらは詩人ロートレアモンの言葉「解剖台の上でのミシンと雨傘の偶然の出会い」のように、かけ離れた2つのものの組み合わせが生む超現実的なヴィジョンが潜在意識に光を当てることを意図していた。戦争への反動は精神的なものへの希求という形で現れた。

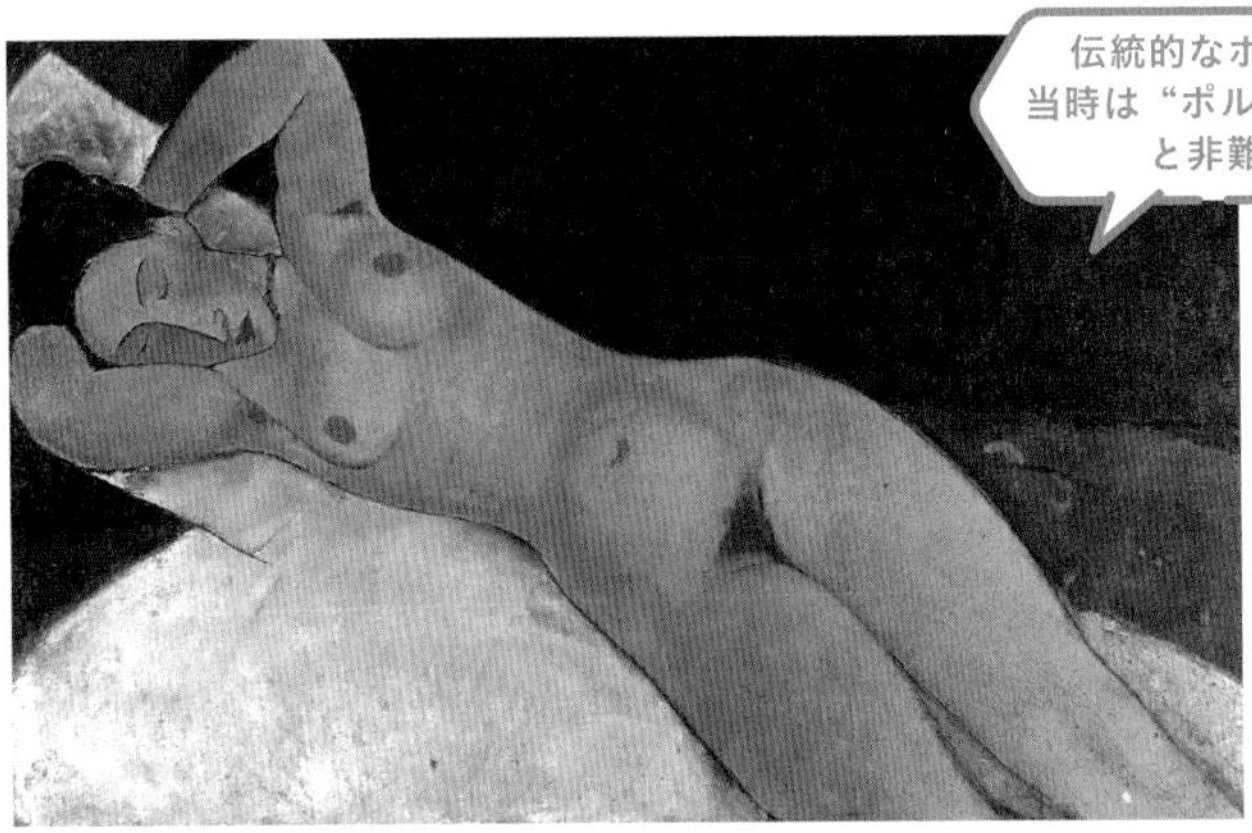

伝統的なポーズでも
当時は“ポルノグラフィ”
と非難の嵐

ポーズは伝統的な「横たわるヴィーナス」だが、この頃ほとんど描かれなかった陰毛のある挑発的な作品。エコール・ド・パリの画家たちには既成の価値観に反抗する、性的に放埒《ほうらつ》なボヘミアンが少なくなかった。

《ヌード》 アメデオ・モディリアーニ 1917年 グッゲンハイム美術館、ニューヨーク

ロシア人コレクター、
セルゲイ・シチューキンの
自邸の装飾として制作

マティスは色彩の関係性によって感情や感覚を表現しようとした。病を得た晩年は体力的な問題もあり、色彩をそのまま造形できる「切り紙絵」に没頭した。

《ダンス》
アンリ・マティス
1909〜10年
エルミタージュ美術館、
サンクトペテルブルク

3 ヴェルサイユ体制とベル・エポック

国際平和と秩序を模索する第一次世界大戦後の世界

第一次世界大戦終結時のヴェルサイユ条約により、敗戦国であるドイツには賠償金、軍備削減などが命じられた。オーストリア＝ハンガリー帝国とオスマン帝国は解体され、より小さな独立国家が生まれる。戦争の反省から国際連盟が生まれたが、アメリカとソ連の2大国は加盟せず（ソ連は後に加盟）、1930年代には日本、ドイツ、イタリアなどが脱退する。民族自決の気運が高まるが植民地体制は維持されるなど、情勢は不安定だった。

結果的に2つの大戦に挟まれることになるこの時期には「ローリング・トゥエンティーズ」「レザネ・フォル」（いずれも「狂騒の時代」の意）の語がぴったりだ。大戦前のパリで「ベル・エポック」と呼ばれた華やかな文化の残り香から生まれた芸術

線・色彩・空間——近代美術の実験

パリ万博などで紹介されたアフリカ美術の影響もあるこの絵はピカソのキュビスムの原点でもある。観念的な美とはほど遠い、デフォルメされた顔や体はヨーロッパの伝統への異議申し立てだった。

《アヴィニヨンの娘たち》
パブロ・ピカソ
1907年　ニューヨーク近代美術館

伝統的な三次元空間を放棄し、新しい形態表現に挑戦

各地に足を運んで目にしたアメリカの「今日」を活写

ベントンはパリでキュビスムを学び、第一次世界大戦後、アメリカに戻って同国の歴史や人々を描く。この連作壁画は重工業など発展する産業に従事し、文化・娯楽を享受する人々の姿を描いて高く評価された。

《アメリカの今日》トーマス・ハート・ベントン
1930〜31年　メトロポリタン美術館、ニューヨーク

が花開く。パリで家賃の安いモンマルトルの「洗濯船」などに集まったユトリロやシャガール、藤田嗣治ら主に外国人を中心とする一団は「エコール・ド・パリ」と呼ばれる。公式な団体ではないが、叙情的で哀愁を帯びた画風を特徴としていた。

　１９０５年のサロン・ドートンヌに参加したマティス、ルオー、ヴラマンクらには美術批評家のルイ・ヴォークセルが「フォーヴ」(野獣)の語を呈した。彼らは対象が本来持つ色とは異なる色彩を使うなどの大胆な色遣いで見る者を驚かせる。

　またブラックが１９０８年に発表した風景画を、前出のルイ・ヴォークセルが「彼はすべてをキューブ(立方体)に還元する」と評したことからキュビスムの名が生まれる。ピカソらの絵は立方体の集積のような、現実とは異なる量感と奥行きを表現していた。キュビスムは後に新聞紙などを貼り込むコラージュも生み出す。ものの見方を変える近代美術の実験が始まった。

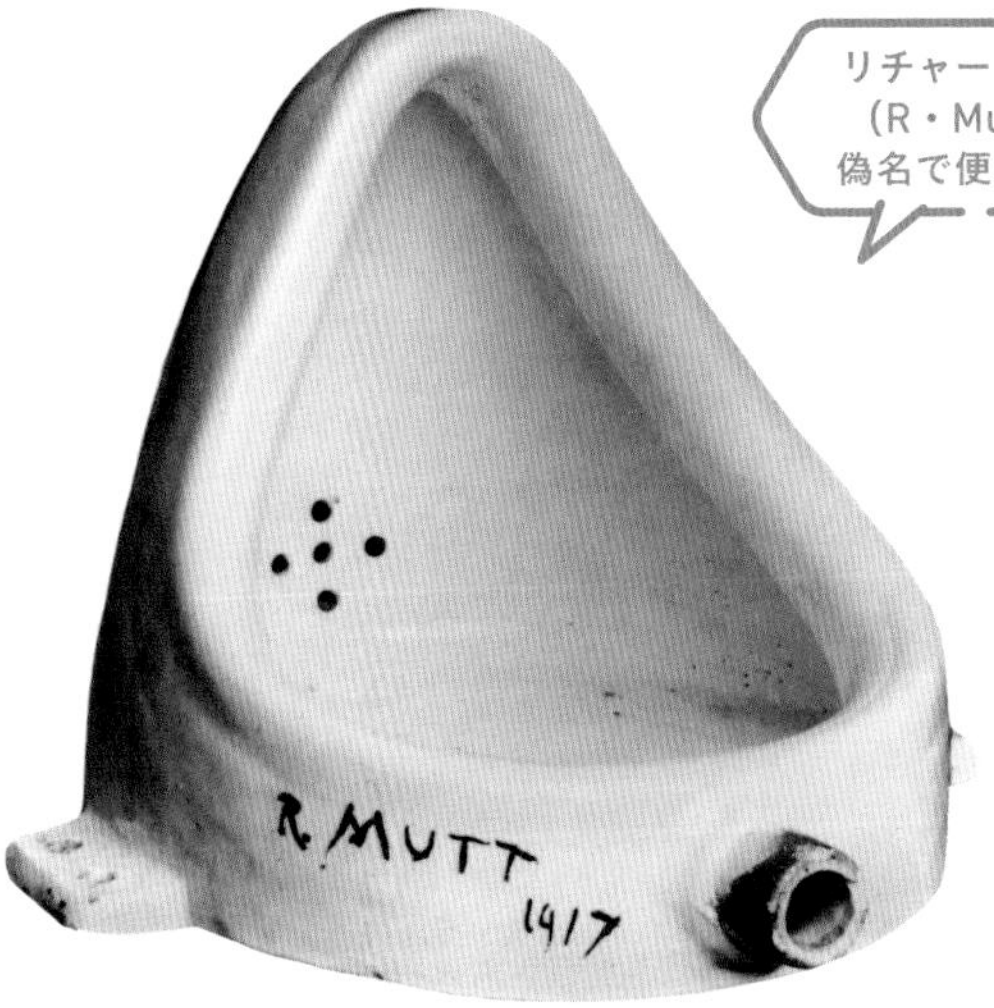

デュシャンは「ニューヨーク・ダダ」の中心人物。男性用小便器にサインを入れて“作品”とした《泉》は既製品がアートたりうるのかという議論を巻き起こす。芸術の概念を拡大した、現代美術の祖というべき作品。

《泉》
マルセル・デュシャン
1917年(消失)

4 近代社会への反動

悲惨な大戦を経て、反政府・反秩序の思想高まる

第一次世界大戦は戦車や毒ガス、潜水艦などの新兵器が投入された、それまでにない悲惨な戦争だった。人々は戦争に至った国家や体制に反発を感じる。その抗議の意をアートで表したのが、中立国スイスのチューリヒにあった「キャバレー・ヴォルテール」でダダイスムを誕生させたフーゴ・バル、トリスタン・ツァラといった人々だ。

「ダダ」の語源ははっきりしないが、彼らの目的は既存の秩序や価値観を否定し、個人の自由を主張することだった。キャバレー・ヴォルテールでは異なる言語で同時に詩を読む、奇妙な仮面をつけてダンスをするといった独特のパフォーマンスが繰り広げられる。

1918年に戦闘が一段落するとダダの拠点はベルリンに移る。折しも前年のロシア革命、同年のドイツ革命によって帝政が崩壊したタイミングでもあり、ダダは政府を批判する政治運動へと変貌した。政治的メッセージを担うジョージ・グロッスの風刺画や、ジョン・ハートフィールドらのフォトモンタージュといった作品が制作される。

一方、画商で評論家のヴィルヘルム・ウーデがパリで開いた「聖なる心の画家たち」という展覧会で、大戦前に活動していたルソーらの作品にスポットが当たる。税関で働きながら独学で描き続けた彼の絵はピカソや詩人のアポリネールといった人々にも評価され、グランマ・モーゼスやセラフィーヌ・ルイらとともに「素朴派」と呼ばれて後のアール・ブリュットやシュルレアリスムにも影響を与えた。

既成の概念にとらわれないアート

ルソーは行ったことのない南洋のような風景を、雑誌や植物園を参考に描いていた。伝統的な遠近法を無視した画面は賞賛の意を込めて「プリミティヴ」(原始的)と評され、ピカソも彼のために夜会を開いた。

《戦争》
アンリ・ルソー
1894年頃　オルセー美術館、パリ

地面の中央に倒れ、
こちらに顔を向けているのは
ルソー自身

故郷の農村風景や人々を見つめた ジョージアの素朴派画家

1862年グルジア(現ジョージア)に生まれ、居酒屋の看板などを描きながら放浪していたところをモスクワの前衛芸術家たちに見出された。農村の人々や動物などルソーに通じる素朴な絵はプリミティヴ・アートの代表と目される。

《オルガン弾きダティコ・ゼメルの酒宴》
ニコ・ピロスマニ
1906年　ジョージア国立美術館、トビリシ

廃物を活用した
建築的立体コラージュ
「メルツバウ」

作者は出身地のドイツで「メルツ」という独自のダダを展開。トラムの切符など身近な廃物のコラージュや意味のない音を羅列した詩の朗読、居住空間を変容し続ける《メルツバウ》の制作などを行った。

《メルツバウ》
(カールスルーエ州立美術館での展覧会にて／2008年)
クルト・シュヴィッタース　オリジナルは1920年代

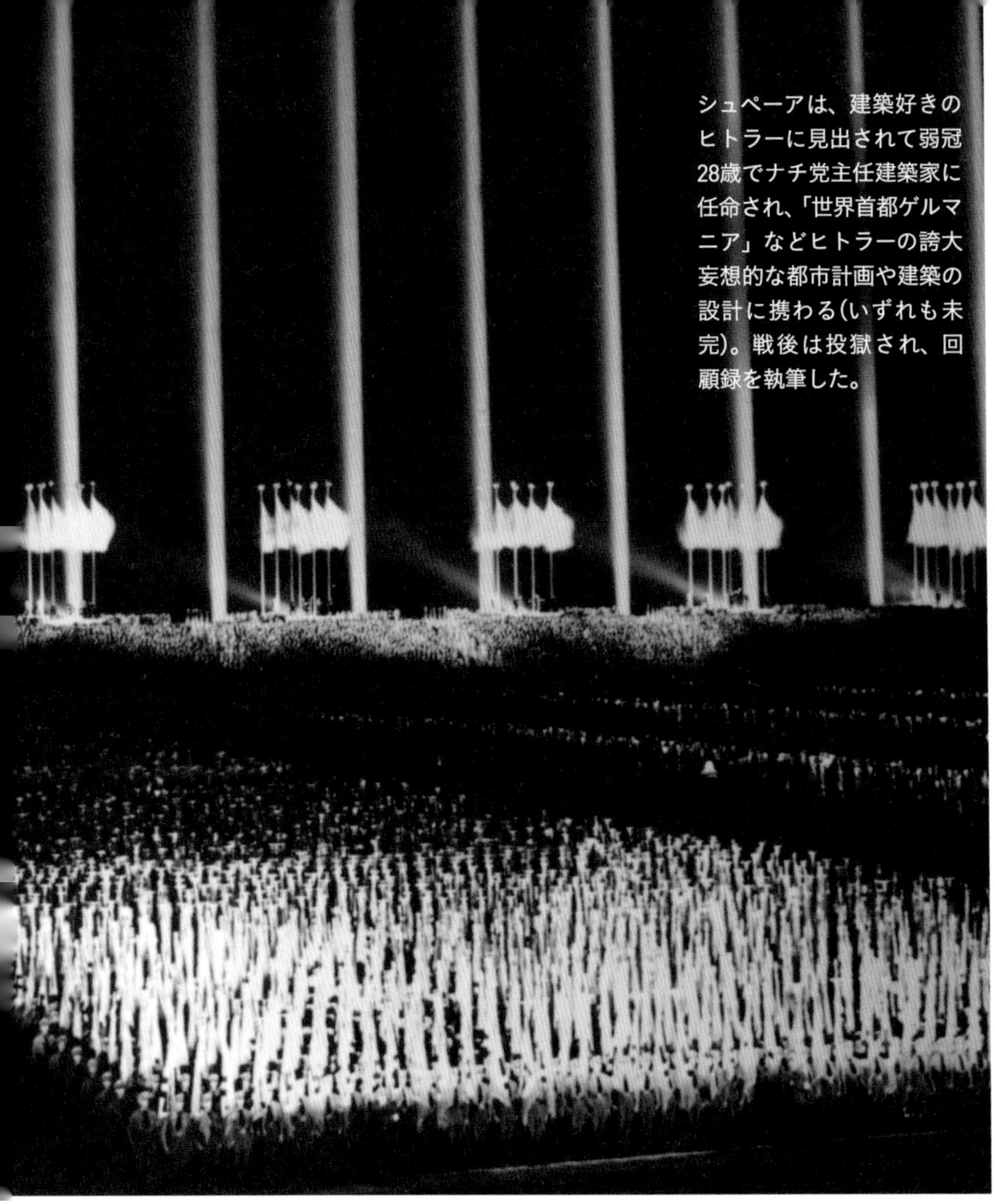

《「ニュルンベルク党大会」光の柱の演出》　アルベルト・シュペーア　1938年

5 ファシズムの台頭

社会の不安と混乱の中から生まれたナチ党

第一次世界大戦終結後、ドイツ市民の間にはヴェルサイユ条約で定められた賠償金や戦後のインフレなどへの不満が鬱積していた。そこに1929年、ニューヨーク・ウォール街での株の大暴落をきっかけに大恐慌が起き、ドイツも製造業の生産が3年前の半分近くになるなど大きな打撃を受けた。この社会不安に乗じてヒトラー率いる国家社会主義ドイツ労働者党（ナチ党）が得票を伸ばし、33年に政権をとってユダヤ人らの弾圧を始める。

ドイツと同盟を組むことになるイタリアでは1922年、ムッソリーニ率いるファシスト党が政権を握り、36年にエチオピア併合を宣言する。ナチ党、ファシスト党は民主主義、自由主義を否定し、排外主義、軍国主義を称揚した。ファシスト党から

ファシズムの宣伝を担った美術

巨大アーチがローマ帝国を彷彿とさせるファシズム建築

ローマ郊外のエウルで1942年に予定されていた万博のための建物のうち、数少ない完成例。アーチの並ぶ新古典主義の建築だ。ただしイタリアでは1930年頃まではジュゼッペ・テラーニらモダニズム建築が称揚されていた。

《イタリア文明館》 ジョヴァンニ・グエリーニほか
1938～42年（1953年完成） ローマ

オリンピックを斬新なカメラワークで魅せる映像美

リーフェンシュタールはモダン・ダンスに熱中し、山岳映画の出演を機に映画界に入る。ニュルンベルク党大会を撮った『意志の勝利』、ベルリン・オリンピックの『オリンピア』は大胆なカメラワークでナチスのプロパガンダに貢献した。

《映画『オリンピア』スチール》
レニ・リーフェンシュタール
1938年

機械文明と速度の美を礼賛した「未来派」

バッラは未来派を牽引した画家のひとり。未来派は伝統を否定し、自動車など機械文明によるスピードや光に強い関心を示す。戦争を「世界の浄化装置」として肯定し、画家の中にはファシズムに接近した者もいた。

《スピード》 ジャコモ・バッラ
1913年 マサチューセッツ工科大学図書館

名付けられたこのファシズムにより、両国は世界を巻き込む次の戦争へと向かっていく。

ファシズム、とくにナチス・ドイツの巧みなプロパガンダを担ったのは宣伝省大臣のゲッベルスだった。彼はナチスに賛同しない記者を解任するなどラジオ、新聞、雑誌などのジャーナリズムを統制し、映画、演劇、音楽、芸術などあらゆる分野の活動に関与する。彼らが最も力を入れたのはニュルンベルク党大会の演出だった。党の建築責任者アルベルト・シュペーアの発案で130基の強力なサーチライトを林立させ、光の柱とドームを出現させる。党大会と36年のベルリン・オリンピックではレニ・リーフェンシュタールが記録映画を担当、ヒトラーを下からあおって偉大さを強調する、はしご車や地面に穴を掘って劇的なカメラ・アングルから撮影する、均整のとれた古代ギリシャ彫刻と裸体の人間をオーバーラップさせるなどの演出で人々を熱狂させた。

ドイツ国内
13都市を巡回し、
200万人以上が訪れた
「退廃芸術展」

1937〜38年にミュンヘンやベルリンで開かれた「退廃芸術展」の会場風景。ナチスは、ドイツ表現主義などの近代美術が「空は緑、雲は黄色」に描いているのは視覚障害だといったこじつけの理由で、彼らを迫害した。

《退廃芸術展》　1937年

6 第二次世界大戦の遺産

未曾有の殺戮と混乱がもたらしたもの

1939年9月、ナチス・ドイツはポーランドに侵攻する。これをきっかけに事態はドイツ・イタリアとイギリス・フランスなど連合国やソ連を巻き込む戦闘に発展した。この戦争は同時期に勃発していたアジア・太平洋地域での衝突と合わせて第二次世界大戦となり、45年に終結するまで続く。

　ナチ党は1933年から「退廃芸術展」と「大ドイツ芸術展」を開催し、前者ではオスカー・ココシュカら表現主義やファン・ゴッホ、シャガールら印象派の絵画・彫刻を好ましからざる芸術としてやり玉に挙げる。その中にはヒトラーを風刺的に描いたジョージ・グロッスらダダの作家も含まれた。〝退廃芸術〟と認定されたものは焼却されたり、外貨を稼ぐため売却される。逆に「大ドイツ芸術展」ではドイツの風景や農民、美しい女性の裸体などを主に新古典主義的に表現した作品が称揚すべきものとして紹介された。

　この戦争は終結後も美術界に大きな影を落とす。ドイツ空軍に志願し、クリミア半島で撃墜されたヨーゼフ・ボイスはタタール人に脂肪とフェルトで包まれて助かったとし、それらを素材にした作品を制作した。フランスのユダヤ人アーティスト、クリスチャン・ボルタンスキーはホロコーストを生き延びた親戚たちの話から、犠牲者を彷彿させるような作品を制作している。ハンス・ハーケは1993年のヴェネツィア・ビエンナーレ国際芸術展のドイツ館でヒトラーに関係する床材を剝がして瓦礫《がれき》にするというインスタレーションを発表して衝撃を与えた。

怒り、絶望、恐怖——それぞれの戦争体験

1937年のパリ万博のためスペイン共和国政府から依頼され、ドイツ軍のゲルニカ空爆への抗議の意を込めて制作。泣き叫ぶ女や馬、雄牛などがキュビスムの手法で表現される。ピカソの政治的な態度を示す作品。

《ゲルニカ》
パブロ・ピカソ　1937年
国立ソフィア王妃芸術センター、マドリード

モノクロームの大画面で
戦争の野蛮さと愚かさを糾弾

従軍中の墜落事故で
タタール人に脂肪とフェルトで
助けられた経験を作品に

脂肪やフェルトなど、戦時中に救助された時の道具をモチーフにしたオブジェ。ボイスは「社会彫刻」という概念を提唱、7000本の樫の木を植えるプロジェクトや自由国際大学の設立など、環境・社会問題に関わった。

《群れ》　ヨーゼフ・ボイス　1996年（デュッセルドルフの展覧会にて）

顔写真を引き伸ばし、電球などと組み合わせたインスタレーション。ホロコーストなど歴史の暗部を思わせるが、ナチ党員の家族アルバムを使った作品もあり、善悪の境界はあいまいであることも暗示する。

《モニュメント：ディジョンの子どもたち》
クリスチャン・ボルタンスキー　1986年　ハンブルク美術館

展示空間を利用して
作品を構成する
「インスタレーション」

7

戦後復興と冷戦

国際協調を図る一方で深まる アメリカとソ連の対立

描く「行為」を重視する
「アクション・ペインティング」
という表現様式が登場

ピカソやミロ、シュルレアリスムの自動記述、ユングの無意識などの思想から影響を受けたポロック。元々鬱傾向にあった彼は、核の恐怖やマッカーシー旋風といった社会不安の中、飲酒運転による事故で世を去った。

《制作中のジャクソン・ポロック》
1950年

抽象表現主義とは？

1940〜50年代のアメリカで隆盛。シュルレアリスムの自動記述（オートマティスム）や内面の感情を描出する表現主義の流れを汲む。巨大なカンヴァスが奔放な筆触や色彩で覆われ、中心を持たないのが特徴。

1945年5月、ドイツの無条件降伏によりヨーロッパでの第二次世界大戦は終結する。それに先立って開かれた通称「サンフランシスコ会議」で国際連合が誕生し、米ソをはじめとする国際協調路線がとられることになった。しかしアメリカのトルーマン大統領はソ連のスターリンへの不信を深め、両国の関係は冷えていく。

　47年6月、アメリカによるヨーロッパ諸国への経済復興支援構想「マーシャル・プラン」が発表されるとスターリンはポーランドやハンガリー、チェコスロバキアなどを集めて「コミンフォルム（共産党情報局）」を結成して対抗する。翌48年、米英仏ソの4カ国が分割占領していたドイツでソ連がベルリンを封鎖する。49年、ドイツ連邦共和国（西ドイツ）

戦後、アートの中心はアメリカへ

ロスコはロシアでユダヤ人として生まれ、迫害を逃れて1913年に渡米。40年代にはほかの作家と同様にシュルレアリスムに関心を持つが、戦後「マルチフォーム」と呼ばれる色面による大作で抽象表現主義の旗手となった。

《ロスコ・チャペル》
マーク・ロスコ　1971年
ヒューストン（アメリカ）

14枚の巨大なパネルで
瞑想的な空間を創出

とドイツ民主共和国（東ドイツ）が設立、61年には「ベルリンの壁」が建設された。東西の間に「鉄のカーテン」が降ろされ、冷戦は決定的なものになる。

第二次世界大戦で主戦場となったヨーロッパからは多くの作家、とくにナチス・ドイツに迫害されたユダヤ人がアメリカに亡命した。シャガールやモンドリアン、サルバドール・ダリら、ニューヨークにやって来た作家たちは後の抽象表現主義を準備し、アートの中心はパリからニューヨークに移る。1929年に開館したニューヨーク近代美術館では36年に「キュビスムと抽象芸術」展を開き、その先鞭をつけていた。中でも、ジャクソン・ポロックやマーク・ロスコら抽象表現主義と呼ばれた画家たちは戦後大きな注目を集める。彼らに最も大きな影響を与えたのはシュルレアリスムだった。筆を使わず、絵の具を滴らせて描くポロックの「ドリッピング」にはブルトンらが提唱した自動記述との関連を見ることもできる。

シャガールは第二次世界大戦中、ヨーロッパからアメリカに亡命した作家のひとり。ロシア出身のユダヤ人として各地を放浪した彼の絵には故郷の街並みやユダヤ教、イディッシュ語の諺のほかキリスト教のモチーフも描かれる。

《結婚の光》　マルク・シャガール
1945年　チューリヒ美術館

8 写真が見た時代

異国、戦場、日常――写真家たちが切り取ったもの

「カロタイプ」で制作された世界初の写真集

イギリスのタルボットはフランスのダゲールらとほぼ同時期に、紙のネガから複数のプリントが得られる「カロタイプ」を完成させる。彼の風景写真はターナーらイギリスの風景画家の系譜に連なるものだった。

《写真集『自然の鉛筆』》
ウィリアム・ヘンリー・フォックス・タルボット
1844年
メトロポリタン美術館、ニューヨーク

実写映画の原型「シネマトグラフ」の登場

リュミエール兄弟が1895年に使い始めた「シネマトグラフ」による世界最初期の映画。列車が駅に入ってくるドキュメンタリーだ。彼らはホースで水を撒く男にいたずらする人といった物語のある映画も作った。

《映画『ラ・シオタ駅の列車の到着』》
リュミエール兄弟　1895年

1830年代、ニセフォール・ニエプスやルイ・ダゲールらが写真技術を発明する。タルボットは自身の写真集に『自然の鉛筆』と名付け、新古典主義の画家、ドラローシュは写真の発明を聞いて「今日、絵画は死んだ」と言ったという。アングルやドラクロワ、ミュシャらは写真を参考に絵を描いた。

19世紀後半、蒸気船や蒸気機関車の発達で遠方への旅が可能になり、写真にもオリエンタリズムのブームが訪れる。マクシム・デュ・カンはピラミッドを、フェリーチェ・ベアトは中国や開国間もない日本を撮っている。アクロポリス、タージ・マハール、北米の雄大な自然も格好の被写体だった。

時代が下り、写真に絵画とは異なる美が見出される。スティーグリッツ

記録するメディアから「芸術」へ

「アメリカ近代写真の父」ともいわれるスティーグリッツは、ドキュメンタリーの系譜に属する写真家。当時普及し始めていたハンド・カメラを手に都市や人々の動的な様相を叙情的にとらえ、写真に絵画とは違う芸術性を与えた。

《終着駅》
アルフレッド・スティーグリッツ
1893年　クリーブランド美術館（アメリカ）

写真が「芸術」になり得ることを示した名作

ぎっしりと並ぶ菓子の陳列棚は大量消費社会へのメッセージ？

デジタル技術で無限に繰り返されたり全画面にピントが合っていたりと、ストレートな写真に見えて現実にはありえない光景を作り出す。人々の営みが小さく写っていることも。視覚と認識の間隙を突くような写真。

《99セント》
アンドレアス・グルスキー　1999年
（ロンドンでの展覧会にて／2018年）

ツやウジェーヌ・アジェは都市や人体の写真で撮影者の内面を表現する。ダダやシュルレアリスム、ロシア・アヴァンギャルドの作家はフォトモンタージュやフォトグラム、ソラリゼーション、多重露光などの技法を駆使し、写真を素材として使い始める。

1920年代にはアウグスト・ザンダーやリー・ミラーらが日常や戦争のドキュメンタリーを撮る。1936年には『ライフ』誌が創刊、47年にアンリ・カルティエ＝ブレッソン、ロバート・キャパらが写真家集団「マグナム」を結成した。

第二次世界大戦後はウィリアム・クラインやロバート・フランクらがアレ・ブレ・ボケという、それまでの写真ではタブーとされてきた表現で社会の様相を切り取る。1960年代以降は架空の映画の主人公になりきったセルフ・ポートレイトを撮るシンディ・シャーマン、ポラロイドによる作品を発表したデイヴィッド・ホックニーら、写真を素材にする現代アーティストも多数現れている。

9 アメリカの覇権

「パックス・アメリカーナ」の好景気が生んだ大量消費社会

1950年代のイギリスでは大衆文化をモチーフにした「ブリティッシュ・ポップ」が登場

超大国アメリカの消費文化を羨望と皮肉が混ざった目で見ていた「ブリティッシュ・ポップ」の作品。当時普及し始めた家電や企業のロゴなどのモチーフは、ウォーホルらアメリカのポップ・アートを予告する。

《何が今日の家庭をこれほど変え、魅力的にしているのか？》
リチャード・ハミルトン　1956年
チュービンゲン美術館（ドイツ）

第一次世界大戦をはるかに上回る総力戦だった第二次世界大戦後は、アメリカの一人勝ちと言ってもいい状況だった。敗戦した日独伊はもちろん、ドイツに攻撃された英仏ソも衰退し、アメリカのみが経済成長を遂げる。１９４４年のブレトン・ウッズ会議では金・ドル本位制が成立、米ドルを基準に各国の通貨交換比率が決められることになった。「パックス・アメリカーナ」の時代は70年代、固定比率による金とドルの交換を一時停止した「ニクソン・ショック」と、アメリカを中心とする巨大石油会社「メジャー」が原油の価格決定権を失った「オイル・ショック」まで続く。

　この好景気を背景にアメリカでは大量消費時代の幕が開ける。折しもテレビが普及、メディアや広告の力を見せつけた。イギリスではアメリカの大衆文化をコラージュで表現したリチャード・ハミルトン、アメリカでは標的やアメリカ国旗をモチーフにしたジャスパー・ジョーンズらネオ・ダダと名付けられたムーブメントが登場する。

　アメリカ消費社会をより直裁的に表現したのがポップ・アートだ。それまでの抽象表現主義の反動でもあるかのように、即物的な絵画や彫刻が作られる。スープ缶や洗剤など日常で大量消費されるものをモチーフにしたウォーホル、マンガを拡大して芸術作品にしたロイ・リキテンスタインといった作家たちが現れる。中でもウォーホルは自らのスタジオを「ファクトリー」と呼び、セレブリティとしてのアーティスト像を振りまいた。

消費社会・大衆文化とポップ・アート

イメージを
反復する展示方法は
まるで陳列棚のよう

アメリカでは誰でも知っている商品を、手の痕跡を残さずに機械的に反復することで大量生産・大量消費社会を暗示する。ウォーホルはデュシャンとは違うやり方で美術と社会の境界を崩していった。

《キャンベルのスープ缶》
アンディ・ウォーホル　1962年　ニューヨーク近代美術館

新素材の開発で
名作椅子も
大量生産が可能に

第二次世界大戦中に開発された成形合板や強化繊維プラスチックを使い、安価で大量生産できる使い心地のいい家具をデザインしたイームズ夫妻。写真の椅子は空港や学校、レストランなど世界中で使われた。

《シェルチェア》
チャールズ・イームズ、レイ・イームズ
1958年発表

マンガをアートに持ち込み
"芸術"の概念を揺るがす

安価な雑誌のマンガのひとコマを拡大して描く。印刷の網点や太い輪郭線などでマンガであることを強調するが、劇的な感情を表出する場面を選んで登場人物を客観視させる。人の感情も商品化できると言いたげだ。

《ヴィッキー、
君の声が聞こえたと思ったよ》
ロイ・リキテンスタイン　1964年
ミネアポリス美術館（アメリカ）

10

工業化時代の建築

素材と機能性を重視する モダニズム建築の展開

戦後、不足した住宅を供給するために計画された集合住宅。格子状の構造に住戸単位(ユニット=ユニテ)を挿入するイメージだ。住戸のほか、店舗や幼稚園など、この1棟で都市生活を完結させることを目指した。

《ユニテ・ダビタシオン》 ル・コルビュジエ 1945〜52年 マルセイユ

ル・コルビュジエ
「近代建築の五原則」
- ピロティ
- 自由な平面
- 自由な立面
- 水平連続窓
- 屋上庭園

「住宅は住むための機械である」。モダニズム建築の祖のひとり、ル・コルビュジエはこう宣言してそれまでの古典的な建築に別れを告げた。彼は車のシトロエンのように量産できる建築を「シトロアン」と名付ける。「近代建築の五原則」を提唱、壁や窓などを好きなところに配置できるようにする。これを可能にしたのが鉄やガラス、鉄筋コンクリートといった近代の素材だ。彼の影響で世界各地に〝白い箱〟のような建物が出現する。その建築は地域性を問わない、という意味で「国際様式」(インターナショナル・スタイル)と呼ばれた。

1919年に開校したバウハウス校長のヴァルター・グロピウスは建築もプロダクトも工業生産に適した、規格化されたシンプルなパーツの組み合わせが望ましいと考える。彼が設計したデッサウのバウハウス校舎は機能主義を優先し、石の壁の代わりにガラスでファサードを覆ったストイックなものだった。バウハウスはナチ党によって33年に閉鎖され、最後の校長だったミース・ファン・デル・ローエがアメリカに移るなど、教授陣は世界中に散らばってモダニズムの遺伝子を継承する。

1955年、ル・コルビュジエは《ロンシャンの礼拝堂》で建築界に衝撃を与えた。それまでの直線を基調とした〝白い箱〟とは異質な、有機的な曲面で覆われた建物だったからだ。この曲線は彼が描いていた絵に時折現れる女性の体や牡牛の角の線に似ている。彼のこの有機的な建築は後にポストモダンと呼ばれる自由な形態の建築へとつながっていった。

新素材が可能にしたモダニズム建築

曲面を可能にする
鉄筋コンクリートの
「シェル構造」を採用

自身が打ち立てた「国際様式」の概念を裏切る、大地から隆起したようなヴァナ キュラー(地域固有)な建築。〈チャンディーガル計画〉のため訪れたインドでの経験や、制作を続けた絵画の影響ともいわれる。

《ロンシャンの礼拝堂》
ル・コルビュジエ　1955年
ロンシャン(フランス)

鉄・ガラス・石・水面で
構成されたミニマルな空間

ミースはバウハウスの校長を務め、「Less《レス》 is《イズ》 More《モア》」(より少ないことが豊かなこと)などの言葉を残した。最小限の素材と構造による開放的な空間で、多様な機能を許容する「ユニバーサル・スペース」の概念でも知られる。

《バルセロナ・パビリオン》
ミース・ファン・デル・ローエ
1929年建設/1986年再建　バルセロナ

自然と建築を
一体化させた
「滝とともに暮らす家」

ライトは本項目のほかの2人と合わせ「モダニズム建築の三大巨匠」のひとりとされるが、より有機的で外部の自然と一体化する建築が特徴。長い生涯で作風を変えたが、滝の上に立つ住宅である本作は彼の代表作だ。

《落水荘》　フランク・ロイド・ライト　1936年　ピッツバーグ郊外(アメリカ)

11 冷戦終結とグローバリゼーション

ドイツが統一、ソ連は解体。IT時代が幕を開ける

70年代以降、IT業界を牽引した「アップル」の創業者スティーブ・ジョブズ

コンピュータを「コマンド」と呼ばれる文字列で操作するのが普通だった時代に、誰もが直観的に理解できる「アイコン」を導入。コンパクトなハードウェアとわかりやすいユーザーインターフェースを提供した。

《スティーブ・ジョブズと初期アップル・コンピュータ》　1984年

冷戦は周到な準備と不用意な失言で終了した。前者はハンガリー首相のネーメトだ。1989年夏、彼はソ連の経済停滞解消のためペレストロイカ（改革）とグラスノスチ（情報公開）を打ち出していた共産党書記長ゴルバチョフの動きを用心深く見守りながら「汎ヨーロッパ・ピクニック」との名目で東ドイツ市民を国境に集め、西側に出国させる。政権を維持したいと考えた東ドイツ政府は妥協策として同年11月9日、市民の旅行の自由化を決定する。その法令は翌10日発効であったのに報道官は「直ちに実施」と失言してしまう。それを聞いた東ベルリン市民は「ベルリンの壁」の国境警備所に殺到、警備員は混乱の中、国境を開放した。壁は崩壊し、東西ドイツが統一される。その波はルーマニアやチェコスロバキア、ユーゴスラビアなどほかの東欧諸国に波及、最終的にソ連は解体した。

　これに先だって1975年にはビル・ゲイツが後にマイクロソフトとなる組織をスタートさせる。同年に

ストリートを舞台に
巨大な写真を貼り出し、
社会的メッセージを発信

パリ郊外の移民による暴動を写した写真を建物の壁に貼ったもの。フランス出身のJR（ジェイアール）は、スラム街や、イスラエルとパレスチナの壁に住民の顔写真を貼るといった作品で貧困や紛争などの社会問題を告発するアクティビスト的な写真家。

JR　2007年　アルル（フランス）

社会の諸問題の本質を突くアートの役割

自分の体を酷使する
パフォーマンス・アートで
社会の諸問題を提起

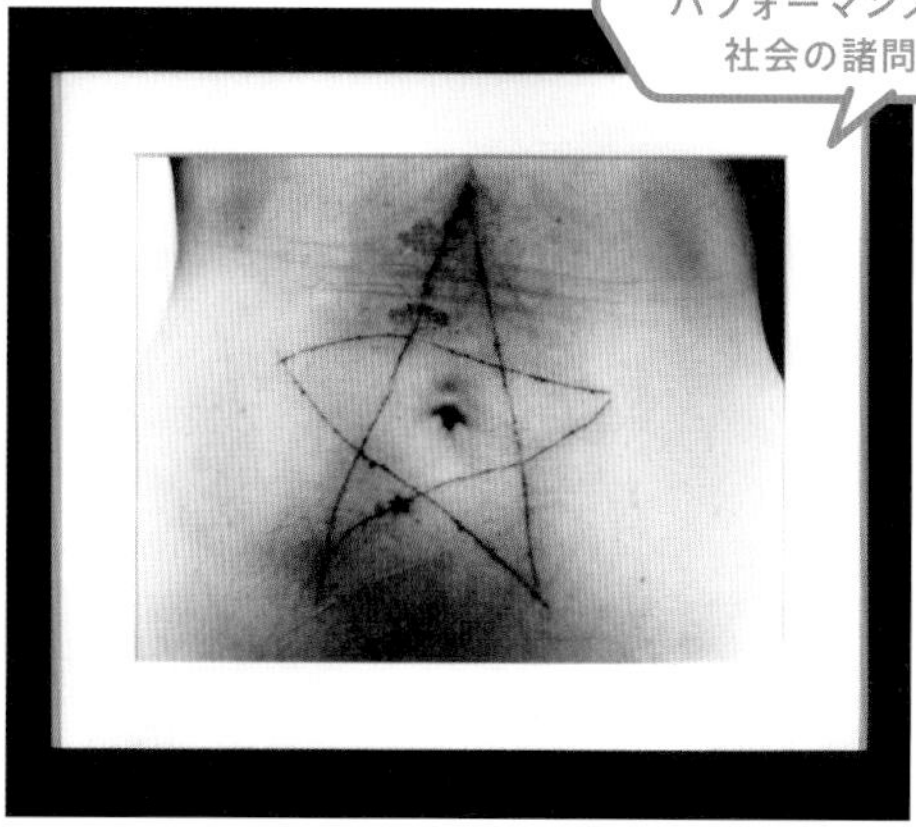

自らの身体を使ったパフォーマンスで知られる旧ユーゴスラビア出身のアブラモヴィッチが冷戦下の1975年に制作した作品。自らの腹部を五芒星の形に傷つける。赤い五芒星は同国の社会主義の象徴とも解釈できる。

《トーマスの唇》
マリーナ・アブラモヴィッチ　1975年
グッゲンハイム美術館、ニューヨーク

《神よ、この死に至る愛の中で我を生き延びさせ給え》
（ベルリンの壁のグラフィティ）
ドミトリー・ヴルーベリ　1989～99年
イースト・サイド・ギャラリー、ベルリン

コンピュータ技術者スティーブ・ウォズニアックとスティーブ・ジョブズが「Apple《アップル》 Ⅰ《ワン》」を売り出した。それまでの巨大なコンピュータに替わる、パーソナルコンピュータ時代の幕開けだ。90年代にはウェブブラウザが登場、すでに開発されていたインターネットの裾野が広がる。ネットによって国境を越えて瞬時に情報のやりとりができるようになったのはもちろん、通貨や株、商品の取引も行われるようになる。鉄のカーテンの消滅と相まって世界は一気に小さくなった。

現代の諸問題とアートの密な関係

104万2000ポンド（約1億5000万円）で落札直後、
バンクシーが仕掛けたシュレッダーが起動

《愛はごみ箱の中に》　バンクシー　2018年　個人蔵

街角に社会風刺を込めたグラフィティを展開する、正体不明のアーティスト。オークションで落札されるとシュレッダーで作品が切り刻まれるように仕掛けられていた。アート・ビジネスへの皮肉が込められている。

多様化するアートの〝今〟を、社会・経済との関わりから読み解く。

「ビルバオ効果」という言葉を生んだ美術館がある。１９９７年、スペインのビルバオで開館した「グッゲンハイム・ビルバオ」だ。ビルバオの人口は約35万人、それに対して、フランク・ゲーリーが設計した波打つような建物の美術館には年間１００万人が訪れる。ビルバオがあるバスク州は60〜70年代は鉄鋼など重工業で栄えたが、その後衰退してしまった。バスク州政府は経済復興の起爆剤としてグッゲンハイム財団を誘致、その目論見は成功したというわけだ。中東のアブダビも観光振興と投資を呼び込むため美術館を建設、ルーヴル美術館の名義使用料および作品の借用料を払う契約を結んだ。２０１７年に開館した「ルーヴル・アブダビ」には開館後の１年で１００万人が訪れたという。

スター建築家が設計する美術館ブーム到来

魚の鱗のような
光り輝く表面には
チタニウムを採用

展示ではなく建築で来場者を呼べることを証明した美術館。内部では高さ50メートル以上の吹き抜けが来場者を圧倒する。美術館ビジネスの新しいモデルとして、スター建築家による美術館ブームの先駆けとなった。

《グッゲンハイム・ビルバオ》
フランク・ゲーリー設計　1997年開館　ビルバオ（スペイン）

《ルーヴル・アブダビ》
ジャン・ヌーヴェル設計　2017年開館
アブダビ（アラブ首長国連邦）

中東の石油枯渇後の主要産業のひとつを観光と位置づけ、スター建築家のジャン・ヌーヴェルに依頼して建設した美術館。付近にはフランク・ゲーリーによるグッゲンハイム美術館なども予定されている。

ルーヴル・アブダビの至宝、《サルヴァトール・ムンディ》

2017年、日本円でおよそ508億円という史上最高額で落札された。真作を疑う声もあるが、完成作が少数であることも高価格の理由のひとつだ。レオナルドの遺物では36枚の《レスター手稿》に30億円の値が付いたこともある。

《サルヴァトール・ムンディ》
レオナルド・ダ・ヴィンチ　1500年頃
ルーヴル・アブダビ（アラブ首長国連邦）

美術館がマネーになるのだからアートもちろんマネーになる。アート作品が今のように高騰するようになったきっかけのひとつが１９７３年に開催された「スカル・コレクション」のオークションだ。ニューヨークのタクシー会社経営者、ロバート・スカルが蒐集した主にポップ・アートをサザビーズが販売、中でも購入額１万２００ドルだったジャスパー・ジョーンズ作品が存命作家の作品としては最高額の24万ドルで落札されたことが注目を集めた。アートは投機になると認識されるようになったのだ。近年ではデイヴィッド・ホックニーやジェフ・クーンズらの作品が９０００万ドル以上（約１００億円）で取引されるなど、マーケットの勢いは衰えない。２０１７年にはレオナルド・ダ・ヴィンチ作とされる《サルヴァトール・ムンディ》が史上最高価格の約４億５０３０万ドル（約５０８億円）で落札された。アートと経済のつながりはますます密接になっている。

現代の諸問題とアートの密な関係

アウトサイダー・アート

美術教育を受けていない人々の作品をフランスの画家ジャン・デュビュッフェは「アール・ブリュット（生《なま》の芸術）」と呼んだ。感情障害に苦しんだ作者の死後、発見された少女戦士の物語『非現実の王国で』もそのひとつと目されている。

《映画『非現実の王国で』》より
ヘンリー・ダーガー
2004年　個人蔵

世界最長の小説を書き、
自ら300枚の挿絵を制作

フェミニズム

卵を抱える母グモは母性と支配の象徴だ。女性器を象った身体にナイフを重ねた作品や《少女》というタイトルの男性器のようなオブジェなど、性と暴力にまつわる作品は抑圧された女性性を感じさせる。

《ママン》　ルイーズ・ブルジョワ
1999年／2001年鋳造
グッゲンハイム・ビルバオ（スペイン）

父に抑圧された
母との複雑な関係性を
巨大グモに投影

社会を映す鏡として変革をもたらすアートの力

バウハウス校長のグロピウスは「女性は立体に関する思考が不得意だ」とし、建築やインテリアの課程を修了する女性はわずかだった。それから半世紀後、1970年代には女性の社会進出が進んだが、今もヨーロッパの女性作家の作品価格の中央値は4600ドル、男性は6200ドルと差がある。欧米の主要なアートコレクション中、女性作家の作品はわずか3〜5％程度との調査もある（＊）。

国や人種による格差もある。1989年、パリのポンピドゥー・センターで開かれた「大地の魔術師たち」展は非西洋圏の作家や民俗史料にも光を当てた初の本格的な展覧会だった。この後、急速に経済発展を遂げた中国の作家を中心に、アジア・アフリカの現代アートにも注目が集まる。しかし、現在でもアメリカの主要な18の美術館のコレクションは白

＊国立女性美術館（ワシントン）による調査（2017年）

元ゴミ捨て場だったところを、ノグチが初期から構想していた「大地の彫刻」である公園に。彼がデザインした遊具やコンサートのためのスペースも。誰もが訪れる場としてアートと社会の積極的な交流を促す。

《モエレ沼公園》 イサム・ノグチ基本設計
2005年グランドオープン 札幌

モノだけでなく環境そのものもアートに

環境問題

ロングはイギリスのランド・アートの代表的な作家。石や木の枝を円形に並べたり、泥で円状のドローイングを描く。自然が作り出した形を、人間が作り出す幾何学的な形状に落とし込むことで自然への敬意を表す。

《フルムーン・サークル》
リチャード・ロング 2004年
ホートン・ホール、ノーフォーク（イギリス）

人による作品が85%を占める。現代美術界は圧倒的に白人男性優位であるといえる。

また1962年、レイチェル・カーソンは著書『沈黙の春』で農薬などの危険性を訴えた。72年にはスイスのシンクタンク、ローマクラブが人口増加や資源消費が現状のままだと世界は100年以内に「成長の限界」を迎えると発表して衝撃を与える。環境問題への関心の高まりは、リチャード・ロングの泥によるドローイングや、地球温暖化によってグリーンランドの氷塊が溶ける様子を見せるオラファー・エリアソンらの作品を生み出す。

一般の人々と協働制作をしたり、ともにパフォーマンスを行うといった行為を通じてコミュニティのあり方に介入しようとする「ソーシャリー・エンゲイジド・アート」も注目されている。アートは社会のあり方を反映しているが、社会を変えていくこともできるのだ。

おわりに

ヒトラーは芸術を愛していた。少年時代の彼は芸術家を目指し、美術学校には入学できなかったが、若い頃は絵画を売って生計を立てていたこともある。権力を得てからは芸術を独自に分類し、弾圧と称揚を行ったのは5章で触れた通りだ。

彼と同時代の経済学者であり、『貨幣論』で知られるジョン・メイナード・ケインズも芸術を愛していた。第一次世界大戦下の1918年、パリで行われたオークションではナショナル・ギャラリー館長を伴い、自らのためにセザンヌの《林檎《りんご》》を買っている。1945年には「英国芸術評議会」の設立に携わり、「芸術家と公衆がたがいに協力する環境を作る」と宣言した。

美には魔力がある。その力を道具として使いこなそうとする権力者もいたし、美に耽溺し、広めようとする人もいたということだ。現代では多くの経営者が芸術作品を蒐集し、ある人は美術館を作り、ある人はアートから経営上のインスピレーションを得るという。

歴史は欲望と理性とちょっとした偶然または手違いで作られる。美は欲望が向かう対象であり、欲望を喚起する装置でもある。本書では主にヨーロッパの歴史を西洋美術から読みつつ、社会と芸術の協働関係にも着目している。しかし物語の解釈が一つではないのと同様に歴史の読み方も一つではない。他のエリアから、あるいは西洋で支配的だったキリスト教以外の宗教など、異なる視座からは異なるストーリーを読むことができるだろう。本書が数多ある物語の一つとして読まれれば幸いである。

青野 尚子

参考文献・出典一覧

『聖書』(旧約聖書・新約聖書・旧約聖書続編つき) 新共同訳／日本聖書協会、1999年
『図説 ロマネスクの教会堂』辻本敬子・ダーリング益代著／河出書房新社、2003年
『ルネサンス書簡集』ペトラルカ著・近藤恒一編訳／岩波書店、1989年
『ペストの文化誌』蔵持不三也著／朝日新聞社、1995年
『西洋美術の歴史』(全8巻) 小佐野重利・小池寿子・三浦篤編集委員／中央公論新社、2016〜2017年
『図説 フランスの歴史』佐々木真著／河出書房新社、2011年
『図説 オランダの歴史』佐藤弘幸著／河出書房新社、2012年
『ヴェネツィアの歴史』中平希著／創元社、2018年
『フランス近世美術叢書V　絵画と表象II：フォンテーヌブロー・バンケからジョゼフ・ヴェルネへ』
　大野芳材監修解説・石井朗企画構成／ありな書房、2016年
『フランス近世美術叢書III　美術と都市：アカデミー・サロン・コレクション』
　大野芳材監修解説・石井朗企画構成／ありな書房、2014年
『画家たちのフランス革命 王党派ヴィジェ＝ルブランと革命派ダヴィッド』
　鈴木杜幾子著／KADOKAWA、2020年
『ゴヤ「戦争と平和」』大髙保二郎著／新潮社、2016年
『魔女狩り 西欧の三つの近代化』黒川正剛著／講談社、2014年
『踏み絵とガリバー　鎖国日本をめぐるオランダとイギリス』松尾龍之介著／弦書房、2018年
『グランドツアー　18世紀イタリアへの旅』岡田温司著／岩波書店、2010年
『ピート・モンドリアン　その人と芸術』赤根和生著／美術出版社、1984年
『医療と身体の図像学：宗教とジェンダーで読み解く西洋中世医学の文化史』久木田直江著／知泉書館、2014年
『イギリス美術叢書IV　ランドスケープとモダニティ：トマス・ガーティンからウィンダム・ルイスへ』
　小野寺玲子責任編集・石井朗企画構成／ありな書房、2019年
『山川 詳説世界史図録』木村靖二・岸本美緒・小松久男監修／山川出版社、2014年
『詳説 世界史研究』木村靖二・岸本美緒・小松久男編／山川出版社、2017年
i Dizionari dell'Arte, Electa, 2003〜(シリーズ)
i Secoli dell'Arte, Electa, 2004〜(シリーズ)
Dizionario della pittura e dei pittori, Giulio Einaudi Editore, 1989〜1994

映画『アートのお値段』ナサニエル・カーン監督、2018

Why Is Work by Female Artists Still Valued Less Than Work by Male Artists ?, Taylor Whitten Brown, 2019
https://www.artsy.net/article/artsy-editorial-work-female-artists-valued-work-male-artists

Artists in 18 Major US Museums Are 85% White and 87% Male, Study Says, Hakim Bishara, 2019
https://hyperallergic.com/501999/artists-in-18-major-us-museums-are-85-white-and-87-male-study-says/

写真協力・クレジット

き

く

け

こ

さ

事項・人名索引

（青字は関連図版を掲載）

池上英洋（いけがみ・ひでひろ）

美術史家・東京造形大学教授。広島県生まれ。東京藝術大学卒業、同大学院修士課程修了。専門はイタリアを中心とした西洋美術史・文化史。著書に『ルネサンス　歴史と芸術の物語』（光文社）、『神のごときミケランジェロ』（新潮社）、『レオナルド・ダ・ヴィンチ 生涯と芸術のすべて』（第四回フォスコ・マライーニ賞受賞）、『西洋美術史入門』『死と復活』（以上、筑摩書房）など。日本文藝家協会会員。
【担当頁：１章〜３章７節】

青野尚子（あおの・なおこ）

ライター、編集者。東京都生まれ。美術、建築の分野を中心に活動。共著に『美術空間散歩』（日東書院本社）、『建築がすごい世界の美術館』（パイ インターナショナル）、別冊太陽『レオナルド・ダ・ヴィンチを旅する』（池上英洋監修）、『写実絵画のミューズたち』（以上、平凡社）、PEN BOOKS『印象派。絵画を変えた革命家たち』『ダ・ヴィンチ全作品・全解剖』（共同執筆・CCCメディアハウス）。「そこまでやるか」展（21_21 DESIGN SIGHT、2017年）ディレクター。
【担当頁：３章8節〜５章, 巻末特集212〜215頁】

美術でめぐる西洋史年表

2021年５月５日　初版発行

著　者　池上英洋／青野尚子
発行者　富　永　靖　弘
印刷所　公和印刷株式会社

発行所　東京都台東区 台東２丁目24　株式会社　新星出版社
〒110-0016　☎03（3831）0743

ISBN978-4-405-10813-4